JOSEP CARRERAS DUAIGÜES

ACTIVIDAD FÍSICA PARA PERSONAS CON DISCAPACIDADES

Título:	ACTIVIDAD FÍSICA PARA PERSONAS CON DISCAPACIDADES
Autor:	JOSEP CARRERAS DUAIGÜES
Ilustrador.	ANTONIO ROMERO MOHEDANO
Editorial:	WANCEULEN EDITORIAL DEPORTIVA, S.L. C/ Cristo del Desamparo y Abandono, 56 41006 SEVILLA Tlfs 954656661 y 954920298 www.wanceulen.com infoeditorial@wanceulen.com
ISBN:	978-84-9993-314-6

Dep. Legal: SE 554-2013
©Copyright: WANCEULEN EDITORIAL DEPORTIVA, S.L.
Primera Edición: Año 2013
Impreso en España: Publidisa

Reservados todos los derechos. Queda prohibido reproducir, almacenar en sistemas de recuperación de la información y transmitir parte alguna de esta publicación, cualquiera que sea el medio empleado (electrónico, mecánico, fotocopia, impresión, grabación, etc), sin el permiso de los titulares de los derechos de propiedad intelectual. Cualquier forma de reproducción, distribución, comunicación pública o transformación de esta obra solo puede ser realizada con la autorización de sus titulares, salvo excepción prevista por la ley. Diríjase a CEDRO (Centro Español de Derechos Reprográficos, www.cedro.org) si necesita fotocopiar o escanear algún fragmento de esta obra.

ÍNDICE

Objetivos 9
Introducción 9

1. Concepto y tipos de discapacidad 13
    1.1. La discapacidad física. 13
        1.1.1. Espina bífida 14
        1.1.2. Parálisis cerebral 15
        1.1.3. Lesiones medulares 16
        1.1.4. Daño cerebral. Traumatismo cráneo-encefálico. ACV. 17
        1.1.5. Alteraciones óseas. 17
        1.1.6. Enfermedades neuromusculares 18
        1.1.7. Amputados 19
        1.1.8. Desmiélicos 19
        1.1.9. Poliomelitis 20
        1.1.10. Discapacidades funcionales 20
    1.2. Discapacidades psíquicas 20
        1.2.1. Discapacidad intelectual 20
            1.2.1.1. Discapacidad intelectual media o leve. 22
            1.2.1.2. Discapacidad intelectual moderada 23
            1.2.1.3. Discapacidad intelectual severa 23
            1.2.1.4. Discapacidad intelectual profunda 23
            Síndrome de Down 25
            Superdotados 26
        1.2.2. Trastornos graves de conductas 27
            1.2.2.1. Déficit de atención 27
        1.2.3. Trastornos generales del desarrollo 28
            1.2.3.1. Autismo 28
            1.2.3.2. Síndrome de Asperger. 30
        1.2.4. Otros trastornos mentales... 31
    1.3. Discapacidades sensoriales 33
        1.3.1. Discapacidad visual. 33
        1.3.2. Discapacidad auditiva 35

2. Valoración y clasificaciones médico-deportivas 37
    2.1. Las clasificaciones. Criterios y finalidad de las clasificaciones. 37
        2.1.1. Clasificación de discapacitados físicos 39

    2.1.2. Clasificación de los deportes en categorías "los otros" (LA).39
    2.1.3. Clasificación de paralíticos cerebrales 39
    2.1.4. Clasificación de los deportistas discapacitados
          intelectuales 40
    2.1.5. Clasificación de los deportistas ciegos...............................40
    2.1.6. Clasificación de los deportistas sordos 40
  2.2. Estructura y elementos de una valoración. 41

3. Nociones médico-sanitarias de la actividad física adaptada 45
  3.1. Higiene y cuidado específico de las secuelas. 45
  3.2 Aspectos generales en el mantenimiento del material protésico. 46
  3.3. Adaptación al esfuerzo y contraindicaciones............................47
  3.4. Lesiones. 49
  3.5. Transferencias..50
  3.6. Actuaciones previas y posteriores a la actividad física...........51
  3.7. Tests específicos de valoración del esfuerzo............................51
    3.7.1. Para discapacitados físicos 52
    3.7.2. Para discapacitados psíquicos..52
    3.7.3. Para discapacitados visuales 54
    3.7.4. Para discapacitados auditivos 54

4. Barreras arquitectónicas 55
  4.1. Legislación europea, estatal y autonómica 56
    Marco general...56
    Marco autonómico (Andalucía) 57
  4.2. Las clases de barreras físicas 58
    4.2.1. Barreras arquitectónicas urbanísticas (BAU)....................58
    4.2.2. Barreras arquitectónicas en el transporte (BAT) 58
    4.2.3. Barreras arquitectónicas en la edificación (BAE)............58
  4.3. Propuestas de accesibilidad. 59
    4.3.1. Accesibilidad frente a BAU 59
    4.3.2. Accesibilidad frente a BAT 60
    4.3.3. Accesibilidad frente a BAE 60
    Dentro de una instalación deportiva 60

5. El trato con las personas discapacitadas 63
  5.1. Ayudas requeridas..63
  5.2. Adaptación de consignas y explicaciones. 65
    Nociones de comunicación con discapacitados físicos...............65

      Nociones de comunicación con discapacitados psíquicos 66
      Nociones de comportamiento y comunicación con ciegos 66
      Nociones de comunicación con sordos 68
      - Criterios de un orador delante de una persona sorda 69
      5.2.1. Adaptaciones en el diseño de actividades físicas 69
            5.2.1.1. Para discapacitados físicos 70
            5.2.1.2. Para discapacidad psíquica 73
            5.2.1.3. Para discapacidad visual 75
            5.2.1.4. Para discapacidad auditiva 78
            5.2.1.5. Para discapacidad funcional 80

6. Organización de la actividad física adaptada 83
      6.1. Modalidades con rango paralímpico 84
      6.2. Otras modadalidades/actividades 102
      6.3. Organismos a nivel autonómico, nacional e internacional. 106
          A nivel autonómico (Andalucía). 106
          A nivel nacional 107
          A nivel internacional 110
      6.4 Tramitación de documentación específica 112

7. Normalización, integración e inclusión 113
      7.1. Terminología 113
      7.2. Evolución histórica del deporte adaptado 116
      7.3. Beneficios de la actividad física en personas con discapacidad. 118
          A nivel físico 118
          A nivel psicológico 118
          A nivel social 119

8. Prácticas en clase: juegos integradores y sensibilizadores 121
      8.1 La Foto 122
      8.2 El Nudo 123
      8.3 Juegos de Equipo 124
      8.4 Softbol Adaptado 125
      8.5 Voleibol Fantasma 126
      8.6 Balongol 127
      8.7 Lazarillo 128
      8.8 Reconocimiento de Caras 129
      8.9 No me chilles que no te oigo 130
      8.10 Actividades de Equilibrio 131

9. Ejemplo de una unidad didáctica de un deporte adaptado para secundaria: softbol adaptado..................133

10. Bibliografía................................143

Objetivos

- Analizar las características de las personas con disminución física, psíquica y sensorial con respecto a la actividad físico-deportiva.
- Analizar las condiciones de un espacio determinado con el fin de proponer adaptaciones que den soluciones a posibles barreras arquitectónicas.
- Concretar actividades teniendo en cuenta las adaptaciones necesarias para su práctica por personas con discapacidades.
- Sensibilizar sobre el mundo de la discapacidad y aprender a adoptar actitudes que nos prevengan a no entrar en él como protagonistas.

Introducción

Al relacionar la actividad física con las personas discapacitadas debemos empezar analizando los términos implicados, pues eso ayudará a comprender mejor las posibilidades motrices y sus ventajas para este colectivo.

Discapacitado

"Discapacitado" tiene forma de adjetivo con substantividad, es decir, "discapaz" que no existe, el término equivalente sería incapaz y de ahí a incapacitado, debido a tener un sentido despectivo se optó por hace una adaptación del término inglés "disabled" (incapacitado) creando una nueva palabra. En castellano se utiliza para negar tanto el prefijo des- (p.e. deshacer) como el dis- (p.e. disconforme), siendo más habitual el primero, al mezclar el prefijo usado en inglés con la traducción de "abled", salió "discapacitado".

Al reflexionar se observa un término que intenta sustituir a *minusválido* o *deficiente* pero que en realidad ataca también al colectivo pues lo define por lo que no puede hacer.

Es curioso también observar la evolución de los términos en el ámbito escolar. De *personas con necesidades de atención de educación especial* (NAEA) (CEJA,1994) se pasa ahora a *personas con necesidades específicas de apoyo educativo* (NEAE) (CEJA, 2010). Se reduce ahora también el uso del término "especial" por miedo a que se haga un uso peyorativo. Sin embargo en inglés "special" tiene connotaciones positivas, y se sigue empleando para, por ejemplo, dar nombre a una entidad que organiza juegos y actividades para discapacitados intelectuales graves ("Special Olympics").

Siendo prácticos debemos centrarnos en todo lo que pueden hacer y no en sus limitaciones. Es fácil, basta con llamarles por su nombre y tratar su discapacidad como una característica, no como una definición de la persona.

De acuerdo con la Organización Mundial de la Salud (1980), una persona con discapacidad es "Aquella persona que debido a una desigualdad física, mental o sensorial se encuentra en desventaja, debido principalmente a la falta de oportunidades a la par que otro individuo de su raza, sexo y condición social".

Aquí se va a considerar a los discapacitados como personas sanas con su carencia física, psíquica o sensorial consolidada, pero nunca como personas enfermas.

Deficiencia, discapacidad y minusvalía

Deficiencia es algo observable de forma externa, una carencia músculo-esquelética, *discapacidad* es algo objetivable, estará limitado para arreglarse, alimentarse o moverse y *minusvalía* es un concepto socializado, donde hay problemas de acceso, de movilidad y de independencia física (Reina, Sanz y Mendoza, 2003). Su uso actual no siempre coincide.

Diversidad funcional

El término "discapacidad" tiende a desaparecer pues incide en la parte negativa de la persona afectada y no en sus posibilidades. La Clasificación Internacional de Deficiencias, Discapacidades y Minusvalías (CDDM), en la versión de 1980, ha sido sustituida por la Clasificación Internacional del Funcionamiento, la Discapacidad y la Salud (CIF) (OMS,2001). La CIF pasa de una clasificación de "consecuencias de enfermedades" a una clasificación de "componentes de salud". Se deja de hablar de déficits para hablar de "funciones y estructuras corporales", así como de "actividades y participación". En la actualidad "estamos en una situación de tránsito entre un modelo médico rehabilitador de atención a las personas con capacidades diferentes a un modelo basado en el cumplimiento de los derechos humanos, donde la persona es importante por sí misma, independientemente de sus capacidades y limitaciones" (CEJA, 2010).

Cada vez se no negativo, como la "diferencia de funcionamiento de una persona al realizar las tareas habituales (desplazarse, leer, agarrar, ir al baño, comunicarse, relacionarse, etc.) de manera diferente a la mayoría de la población" (término acuñado en un foro de internet, el Foro Vida Independiente en 2005).

Actividad física adaptada

La "actividad física adaptada" es un concepto global más amplio que el de "actividades físicas para discapacitados", lo cual englobaría la adaptación de las tareas a cualquier tipo de situación, por ejemplo personas que no entendieran nuestra lengua, personas con problemas respiratorios o cardíacos, personas de la tercera edad o personas con enfermedades degenerativas como terapia (por ejemplo la osteoporosis). Estos casos a nivel educativo se consideran dentro de las necesidades educativas especiales (n.e.e.).

Deporte adaptado

El término "deporte adaptado" es también la suma de dos conceptos. "Deporte" tiene muchas acepciones y apellidos pero en este contexto prevalece el concepto de Hernández Moreno (1994) donde "deporte" implica la existencia de normas, reglamentos y federaciones que permitan comparar el deporte elegido de un lugar a otro. Por otro lado el uso del *apellido* "adaptado" es común ahora para nombrar cualquier modalidad deportiva que se intenta promover en el mundo de la discapacidad. Por ejemplo, en Aljaraque (Huelva) se están estableciendo las reglas para el "Pádel adaptado" (pádel en silla de ruedas), entre ellas la norma principal es permitir hasta dos botes de la bola, al igual que en el tenis en silla de ruedas.

Deporte inclusivo

Es aquel deporte practicado de forma simultánea por personas discapacitadas y por personas no discapacitadas. Un ejemplo sería un partido de dobles de pádel donde las parejas estuvieran formadas por una persona en silla de ruedas y por una persona sin discapacidad. En este caso el reglamento se ajusta a cada tipo de participantes, permitiéndose dos botes de la pelota antes del golpeo al deportista en silla de ruedas, pero sólo uno al otro participante (ver la definición de inclusión en la página 51).

1. CONCEPTO Y TIPOS DE DISCAPACIDAD

1.1. La discapacidad física

En la línea propuesta nos debemos ir refiriendo a la discapacidad física como la *diversidad funcional por limitación de la movilidad* siendo esta a su vez definida como la forma diversa de desplazarse, leer, agarrar, ir al baño, comunicarse y relacionarse de una persona (CEJA, 2010). Puede afectar a distintos aspectos del movimiento como la coordinación, la agilidad, el equilibrio o la movilidad.

Hay que conocer una serie de términos médicos como son:

- Parálisis: Incapacidad total de movimiento del miembro afectado.
- Paresia: El miembro se mueve con dificultad, pero tiene sensibilidad.
- Monoplejia: Afecta a un solo miembro.
- Paraplejia: Afecta a piernas por lesión de la médula espinal a nivel dorsal o lumbar.
- Tetraplejia: Afecta a brazos y piernas por lesión a nivel cervical de la médula espinal.
- Hemiplejia: Afecta a la mitad del cuerpo, izquierda o derecha, debido a infartos o problemas en el hemisferio cerebral contrario.
- Ataxia: Incoordinación de los distintos músculos que intervienen en una acción.
- Espasticidad: Contracción involuntaria de los músculos.
- Atetosis: Movimientos lentos, incoordinados e involuntarios con tendencia a la extensión de los segmentos articulares
- Hipertonía: Trastorno del tono muscular por exceso de rigidez y tensión.
- Hipotonía: Al contrario, por excesiva flacidez.
- Paratonía: Movimientos descontrolado involuntarios.

- Artrosis: Degeneración del cartílago que permite el movimiento articular.

Estos términos van a aparecer ahora al describir las siguientes discapacidades físicas:

1.1.1. Espina bífida

Consiste en una malformación en el cierre de las vertebras, se produce en el primer mes de gestación (CEJA, 2010) cuando el niño está en el útero materno donde se forman sus órganos, músculos, huesos, etc. En el momento que se forma la columna vertebral hay un fallo en el cierre de la misma quedando unas vértebras abiertas y la médula espinal expuesta al exterior.

Se previene con un suplemento de ácido fólico por parte de la madre embarazada. Cuando un niño nace con espina bífida presenta un bulto en su espalda muy evidente, cuyo contenido permite establecer una primera clasificación:

- Meningocele, el bulto contiene meninges y líquido cefalorraquídeo.
- Mielomeningocele, el bulto contiene lo anterior y además médula.

Conociendo la ubicación podremos hacer una aproximación en cuanto al nivel de autonomía. Dependiendo del nivel de la lesión habrá más o menos grupos musculares afectados que condicionarán el tipo de aparatos que utilice. Por regla general cuanto más alto sea el nivel de la lesión más grande será la ayuda ortopédica. Podremos encontrar desde personas con ligeras dificultades para caminar que sólo necesitarán zapatos ortopédicos hasta personas que estarán obligadas a utilizar silla de ruedas para desplazarse.

Problemas asociados a una persona con espina bífida:

- Trastornos motores de la musculatura inervada por debajo de la lesión. En los casos de mielomeningocele son parálisis de nacimiento irreversibles (implica el uso de silla de ruedas).
- Trastornos sensitivos, al perder sensibilidad en las piernas pueden producirse llagas por roces, quemaduras o fracturas

que al no sentirlas pasarán desapercibidas en un primer momento.
- Trastornos de incontinencia, falta de control de los esfínteres.
- Trastornos de aprendizaje, retraso escolar.
- Falta de circulación sanguínea en la zona afectada. Se hará más difícil la cicatrización.
- Malformaciones y deformidades de la columna vertebral.
- Hidrocefalia, que en los casos más graves supone la retención de líquidos en la cabeza, esto les obliga a llevar un tubito para drenar esa agua al torrente sanguíneo, este exceso de líquido puede causar también problemas en la vista.

Se habla también de "espina bífida oculta", la cual se presenta con dos agujeros en la parte baja de la espalda o un bulto con pelo, asociado a uno pies deformados o feos y a una falta leve de sensibilidad en los pies.

1.1.2. Parálisis cerebral

Es un trastorno debido a una lesión en el cerebro mientras éste se está formando. Si se produce antes de los 3 años se habla de parálisis cerebral infantil y si es más adelante de daño cerebral.

No está claro cuando deja de formarse el cerebro, primero se considero que hasta los 3 años, luego hasta los 5, la CEJA (2010) que hasta los 16, y otros dicen que no deja nunca de formarse.

Está lesión puede producirse durante el embarazo (p.e. toma de drogas por parte de la madre), en el parto (anoxia, falta de oxígeno) por un golpe o una infección.

Tipos de secuelas:
- Problemas de coordinación: ataxia.
- Alteraciones del tono muscular. espasticidad y atetosis.
- Dificultades auditivas, visuales y perceptivas.
- Dificultades comunicativas, disartrias, falla el nervio que permite mover la articulación al hablar.

- Dificultades cognitivas, pero en el caso que la lesión afectara solo a la parte motriz del cerebro pueden tener una inteligencia normal.
- Convulsiones y epilepsias, la mitad de los niños con parálisis cerebral las sufre.

Muchos niños prematuros que nacen con poco peso (menos de 1,5 kg) presentan problemas de hemorragias cerebrales sencillamente por diferente presión entre el vientre materno y el ambiente exterior. Estas pequeñas hemorragias afectarán a cualquier parte del cerebro provocando una secuela.

Todas estas lesiones no van a empeorar ni son reversibles, pero la estimulación, la adecuación del entorno y los productos de apoyo de los que disponga la persona afectada permitirán aumentar su nivel de autonomía y de felicidad personal.

1.1.3. Lesiones medulares

Según AESLEME, asociación española de lesionados medulares (2010), es el "daño en la médula que produce una parálisis al interrumpirse la información transmitida por ésta".

Pueden ser completas o incompletas según el daño causado en la médula.

Hay varias situaciones que deben tenerse en cuenta para prevenir estas lesiones y otras de gravedad, debe insistirse en la información a los adolescentes por su actitud ante el riesgo. Las situaciones a observar son:

- No entrar nunca en el agua de cabeza, sea piscina, pantano o mar, sobretodo si es la primera vez que se intenta. No caer tampoco sentado, el impacto también puede afectar.
- Utilizar siempre casco cuando se circula en moto o se monta a caballo.
- Utilizar el cinturón de seguridad en el coche (también en los asientos traseros).
- Utilizar el reposacabezas de los asientos del coche correctamente, debe ajustarse la altura de la cabeza, también los traseros.

- No quitarle la silla a alguien que está a punto de sentarse.
- No mover a un accidentado de columna vertebral, hay que taparle y llamar a emergencias (112).
- No meterse en peleas, nunca se sabe si el otro dispone de un arma.

Otras medidas que podrían tomarse para aumentar la seguridad vial:

- Aumentar los peraltes en las curvas de todas las carreteras.
- Sustituir los quitamiedos actuales por unos deformables y que llegaran hasta el suelo.
- No permitir vender vehículos de gran cilindrada.
- Reducir la velocidad máxima permitida.
- Mantener los planes de actualización del parque automovilístico.

1.1.4. Daño cerebral. Traumatismo cráneo-encefálico. ACV.

El Traumatismo Cráneo Encefálico (TCE) resume todo tipo de golpes en la cabeza por accidentes de motos, coches o cualquier otro impacto.

Daño cerebral es un término más amplio que incluye al TCE y que implica cualquier pérdida de masa encefálica por cualquier causa, normalmente un tumor o un accidente cerebro vascular (ACV), falta de riego sanguíneo en el cerebro, puede ser temporal o no, con sus correspondientes secuelas.

Las secuelas afectan al cerebro y pueden causar alteraciones de la vista, del oído, de la sensibilidad, del lenguaje, de la memoria inmediata, etc.

A nivel de agrupamiento, una persona adulta afectada en el cerebro por las causas arriba indicadas es tratada como una persona con parálisis cerebral.

1.1.5. Alteraciones óseas

Hay muchos tipos:

- Ostogénesis imperfecta: huesos de cristal.

- Artrogriposis: las articulaciones se doblan buscando la posición fetal.
- Propias de la columna vertebral: Hipercifosis ("chepa") las costillas se dan la vuelta y forman un bulto en la espalda por torsión de las vértebras, que al final aplasta el corazón. Escoliosis (una S vista la columna desde atrás). Propias de los deportes descompensados (p.e. el tenis) en menor grado. Hiperlordosis (excesiva curvatura en la cintura).
- Enanismo. Es la baja estatura (menos de 1.30 m.). Pueden ser proporcionados o no (acondroplásicos), en estos últimos hay un crecimiento anormal de los huesos largos del cuerpo provocando una desproporción, creciendo la cabeza y el tronco con proporciones corporales normales, pero no las piernas y brazos. La causa es difícil de identificar, se supone se debe a una deficiencia de la hormona del crecimiento o probablemente haya una disfunción de la glándula pituitaria a la hora de regularla por tumor, ausencia o trauma. Los problemas son movilidad limitada, artrosis y poco equilibrio.

1.1.6. Enfermedades neuromusculares

Suponen la pérdida progresiva de fuerza en los músculos.

Son degenerativas (empeoran con el paso del tiempo) y pueden llegar a causar parálisis. Las personas afectadas tienen grandes limitaciones motrices y un debilitamiento de los músculos respiratorios por lo que no deben resfriarse.

La causa es de tipo genético. Hay problemas con un gen que impide la producción de una proteína necesaria en el funcionamiento muscular.

Las contracturas musculares es el síntoma más frecuente, además el acortamiento de los músculos unido a la pérdida de elasticidad provoca también problemas articulares.

Hay varias, según el momento de aparición y la rapidez del deterioro:

- Distrofia muscular de Becker: Afectación gradual de la musculatura con pérdida de fuerza y deformaciones anatómicas.
- Distrofia muscular de Duchenne: Afecta a varones, pero es transmitido por mujeres. Empieza a los 4 años por una pequeña "cojera" que afecta a los músculos de la cadera. Evoluciona peor que la anterior, pues afecta también al corazón. Es la más frecuente y grave.
- Esclerosis múltiple: De origen desconocido, afecta a la mielina que recubre las fibras nerviosas que se encargan de transmitir al cerebro y médula espinal las sensaciones. Hay debilidad muscular, hormigueos, descoordinación, desequilibrio, ceguera pasajera, espasmos, vértigos, etc. Cursa a brotes de empeoramiento (5) donde no se vuelve atrás.
- Fibromialgia: Ha sido recientemente reconocida como discapacidad, consiste en una pérdida inexplicable de fuerza en la edad adulta, no presenta síntomas externos y requiere de la valoración subjetiva por parte de la persona afectada. También afecta a los pulmones.

1.1.7. Amputados

Pérdida parcial o total de alguna de sus extremidades. Las otras extremidades son normales y salvo excepciones no existirán restricciones de la movilidad articular. Hay muchos tras las guerras o tras las minas antipersona, también los hay también por accidentes o cáncer.

1.1.8. Desmiélicos

Alteración congénita en la formación de las extremidades. Se debe principalmente a la ingesta de medicación inadecuada por parte de la madre embarazada. Pueden asimilarse funcionalmente a las amputaciones, pero algunas veces hay anomalías articulares.

1.1.9. Poliomelitis

Infección vírica del asta anterior de la médula espinal, donde se localizan las neuronas motoras, son asimilables a las lesiones medulares, aunque normalmente son asimétricas e incompletas pues la destrucción medular no es total.

1.1.10. Discapacidades funcionales

- Hemofilia: Es una enfermedad de la sangre, debida a la carencia de factores de coagulación, la cual ante cualquier herida provoca una gran hemorragia. La causa es hereditaria y la padecen los hombres, aunque las mujeres la transmiten. Existe un alto riesgo por traumatismos y cortes. Deben estar bajo supervisión de personal sanitario.
- Diabetes. Es la incapacidad del organismo para utilizar la glucosa como fuente de energía. El páncreas no produce insulina (hormona necesaria para el metabolismo de los azúcares), o bien puede ser que las células receptoras de la insulina tengan problemas para admitirla. Puede producir ceguera, gangrena, insuficiencia renal y problemas vasculares. Deben vigilar la dieta, controlarse el nivel de glucosa en sangre y algunos necesitan inyectarse insulina. Resulta muy imprudente para un adolescente diabético tomar alcohol, pues esta forzando el riñón y el páncreas, y los necesita para regular su nivel de azúcar.

1.2. Discapacidades psíquicas

1.2.1. Discapacidad intelectual

La OMS clasifica la discapacidad intelectual en los años 70 por niveles de coeficiente intelectual, criterio todavía muy extendido, a pesar de que se intenten otras clasificaciones funcionales.

El coeficiente intelectual se halla al dividir la edad cronológica con la edad intelectual. Considerando 100 el nivel medio de la población. El grupo alrededor de 80 se les llamará límite o también "border line". A partir de 120 hablaremos de superdotados.

El concepto de inteligencia de ese momento era el lógico matemático y se consideraba a la inteligencia innata e inamovible. Las versiones de la inteligencia se han ido ampliando destacando los tipos de Gardner (1999), él habla de 8 tipos de inteligencia e insiste en que se pueden mejorar si se trabajan. Destacan la interpersonal o emocional (capacidad de interpretar las emociones de los demás), la lingüística (capacidad para redactar y para aprender idiomas) y la corporal (propia de los deportistas destacados).

Desde el punto de vista *psicológico*, el discapacitado intelectual es la persona que tiene una disminución de su capacidad intelectual.

Desde el punto de vista *sociológico*, el discapacitado intelectual presenta problemas en su comportamiento, como en la habilidad social, comunicación, capacidad de resolución de problemas, independencia personal, etc.

El punto de vista psicológico relacionado directamente con el coeficiente intelectual va perdiendo fuerza, siendo el punto de vista sociológico el más aceptado, pues valora la adaptación del discapacitado psíquico en su entorno y en su inserción en la sociedad.

En el esquema siguiente Gine (1997, citado por Ríos 2005), ejemplifica la importancia de no definir a alguien como alguien que no puede cambiar. La discapacidad intelectual deja de ser una característica para ser un estado de interacción entre la persona y el entorno, además, una persona con discapacidad intelectual con los soportes adecuados mejorará su calidad de vida sustancialmente.

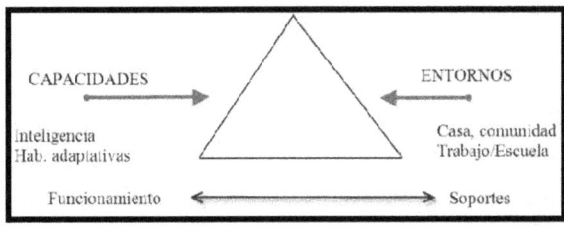

Cuadro de Gine 1997, citado por Rios 2005

Para calificar un problema como discapacidad intelectual éste debe ser aparente antes de los 18 años y la inteligencia, medida con una prueba de Coeficiente Intelectual, debería estar por debajo de los 70 puntos, además deberían darse al menos 2 limitaciones en las relaciones con el entorno (Lukarsson, 1992, citado por Gine 1997, miembro de la AAID).

Actualmente la AAID (Asociación Americana de Discapacidad Intelectual, en inglés "intellectual disability") explicita la conducta adaptativa en habilidades conceptuales, sociales y prácticas. Los ítems a valorar en la relación con el entorno serían: comunicación, cuidado de uno mismo, vida en el hogar, uso de los servicios de la comunidad, salud y seguridad, uso del tiempo libre, capacidad para trabajar, habilidades académicas básicas y autorregulación.

Hemos de fijarnos en el posible cambio del término "discapacidad intelectual" a "trastorno del desarrollo intelectual" en las próximas revisiones de las clasificaciones sobre salud mental: la de la OMS, llamada "Clasificación Internacional de las Enfermedades", en vigor la número 10 (CIE-10), y la de la Asociación Psiquiátrica Americana (APA) que emite un manual sobre desórdenes mentales conocido como DSM, en vigor el DSM-IV (su cuarta revisión), aunque en mayo de 2013 saldrá la quinta revisión.

Aunque no nos guste volver a los porcentajes de C.I. debemos referirnos a ellos por su validez real actual. Veamos algunas características de los grupos más nombrados (Ríos, 2005:270):

1.2.1.1. Discapacidad intelectual media o leve:

Se considera que están entre un 50 y 70 de Coeficiente Intelectual (CI). Entre sus características podemos ver que pueden tener obesidad, escoliosis, hipotonía abdominal, pero no es demasiado considerable la diferencia. El retraso psicomotor es mínimo.

El desarrollo intelectual es en torno a los 12 años con un buen lenguaje y capacidad de adaptación e integración social. Necesitan en la escuela de un seguimiento continuado y pueden llegar a conseguir un trabajo.

1.2.1.2. Discapacidad intelectual moderada:

CI entre 33 y 50. Un tercio corresponde al Síndrome de Down. Sus características son obesidad, escoliosis, insuficiencia respiratoria, problemas cardíacos. El nivel mental es de 8 años, teniendo dificultad de expresión y comprensión oral, siendo difícil mantener la atención.

La coordinación es lenta, el equilibrio muy bajo y la capacidad de percepción limitada. Tienen mucha flexibilidad por la hipotonía muscular.

En el ámbito social los deficientes moderados pueden tener cierta autonomía, siempre es mejor con apoyo y seguimiento, y así pueden llegar a tener un oficio simple y básico.

1.2.1.3. Discapacidad intelectual severa:

CI entre 15-20 y 33, siendo su nivel mental no superior a los 3 ó 5 años.

El nivel de atención es muy bajo, con un lenguaje escaso. Sus características son pies planos, hipercifosis y escoliosis, insuficiencia respiratoria, con mucosidad en la nariz.

El desarrollo psicomotor es muy pobre, con una coordinación escasa, pudiendo aparecer y paratonías y falta de relajación muscular.

En cuanto a los aspectos sociales, son personas retraídas, aisladas e incluso un poco agresivas e impulsivas. Su autonomía es escasa en los hábitos cotidianos, por lo que no son independientes.

1.2.1.4. Discapacidad intelectual profunda:

Su CI está por debajo de 20, siendo el nivel intelectual de 2 ó 3 años.

Sus características son obesidad, deformaciones torácicas, problemas graves respiratorios, problemas en los pies, etc. siendo parecidos a los severos.

El lenguaje es casi inexistente, siendo la comunicación prácticamente imposible. Casi no tienen autonomía en el desplazamiento, sin tener conciencia del entorno. Son dependientes de otra persona, ocurriendo, a veces, la muerte temprana. También tienen desconfianza de cuanto les rodea.

Veámoslo en una tabla

CLASIFICACIÓN	EDAD MENTAL	CARACTERÍSTICAS FÍSICAS	CARACTERÍSTICAS SOCIALES
LEVES (50 – 70 C.I)	De 8 a 12 años	-Obesidad - Escoliosis -Hipotonía abdominal - Mínimo retraso psicomotor	- Buen lenguaje - Capacidad de adaptación e integración social - Necesitan en la escuela de un seguimiento continuado - Pueden obtener un trabajo
MODERADOS (33 – 50 C.I), incluye s. Down	De 5 a 8 años	- Problemas cardio-respiratorios - Buena flexibilidad por la hipotonia muscular -Retraso psicomotor	- Buena autonomía -Lentitud en comprender y en hablar - Pueden trabajar supervisados. - Es difícil una vida autónoma.
SEVEROS (Entre 15-20 y 33 C.I)	De 3 a 5 años	-Mismos problemas agravados. -Movimientos incontrolados - Hipercifosis - Escoliosis - Pobre desarrollo psicomotor	- Poca autonomía, precisan de un cuidador - Personas retraídas, aisladas e impulsivas, pueden incluso llegar a ser agresivas. - Nivel de atención bajo - Lenguaje escaso
PROFUNDOS (Por debajo de 20 C.I)	De 2 a 3 años	- Todo lo anterior agravado - Además, deformaciones torácicas - Pies planos	- Ninguna autonomía - No son conscientes del entorno - Lenguaje casi inexistente - Desconfianza de lo que les rodea

Tabla de características en relación al coeficiente intelectual

Síndrome de Down

Importante por su número, el mongolismo fue descrito en 1866 por Langon Down. Las células del ser humano tienen 46 cromosomas repartidos en 23 pares (23 aportados por la madre y 23 aportados por el padre), este síndrome está causado por la presencia de un cromosoma suplementario a nivel del par 21. Es por ello que se le denomina también Trisomía 21. Es decir, hay 3 cromosomas en vez de 2, en el par 21.

Suponen un 10% del total de las discapacidades psíquicas. Es más frecuente en hombres que en mujeres, no se conocen las causas, siendo muy importantes los antecedentes familiares y la edad de la madre. Un 35 % de casos de síndrome de Down son hijos de madres mayores de 40 años.

Para detectar la anormalidad cromosómica se puede emplear una prueba médica llamada *amniocentesis* que consiste en sacar líquido de la placenta de la madre en el 4º mes de embarazo.

Existen descritos hasta 120 síntomas o rasgos descritos aunque es raro que aparezcan todos. Los más característicos siguiendo a Escribá (2002) son:

- Estatura baja, cabeza redondeada, frente alta y aplanada.
- Pelo frágil.
- Lengua y labios secos y fisurados. Tienen la lengua demasiado grande y eso provoca dificultades al hablar.
- Presentan epicanto, pliegue de piel en la esquina interna de los ojos.
- Las palmas de las manos muestran un único pliegue transversal, dedos cortos.
- Tienen una fisonomía peculiar.

A nivel de trastornos destacan:
- Tienen propensión a la obesidad, interesa que hagan mucha actividad física.
- En muchos casos padecen cardiopatías congénitas, deben trabajar la resistencia con pulsímetro.
- Tienden a desarrollar leucemia (cáncer de la sangre).

- Tienen problemas de vista, también sufren conjuntivitis.
- Tienen problemas en el sistema digestivo.
- Tienen también problemas respiratorios.

A nivel psicológico son personas de gran afectividad, muy agradecidos y optimistas, presentan dos tipos de personalidades, una dominante y otra sumisa. Tienen sentido del humor.

A nivel motriz su percepción táctil es lenta, así como tienen torpeza para la orientación espacial, pero tienen un ritmo y sentido musical más conseguidos y buena capacidad para la imitación y el baile. Son fuertes y a la vez flexibles.

En cuanto al nivel cognitivo, la capacidad de atención es deficitaria, podrían utilizar la memoria, pero la capacidad de generalización a situaciones diferentes es muy limitada, comprenden más que se expresan.

Su capacidad social es mayor que otras personas con otro tipo de deficiencia psíquica.

Superdotados

Técnicamente no son discapacitados, pero empiezan a aparecer en algunas clasificaciones, pues tan anormal es el defecto como el exceso y son un grupo con necesidades específicas de atención educativa (CEJA, 2010).

Tradicionalmente se ha considerado superdotado a aquella persona con mas de 120 de coeficiente intelectual, pero los que van a presentar problemas serán aquellos a los que su capacidad le impida realizar una vida social normal. Pueden desarrollar trastornos de ansiedad, depresión o agresividad al verse incomprendidos.

Normalmente van a tener problemas emocionales y sociales, les va a costar trabajar en equipo y les va a costar aceptarse a sí mismos. Algunas características siguiendo a la CEJA (2010) son:
- Duermen poco.
- Terminan muy rápido las tareas que les encomiendan.
- Están muy interesados en algún área y poco o nada en las demás.

- Se relacionan bien con chicos/as o personas mayores que ellos.
- Les gusta coleccionar cosas.

1.2.2. Trastornos graves de conductas

El término "trastorno" se usa para señalar un comportamiento o una serie de síntomas que van a causar malestar o interferir en la actividad de una persona (CEJA, 2010). Hablamos de "conducta" para distinguir comportamientos aislados de los que se repiten en el tiempo.

Como ya hemos comentado existen 2 clasificaciones muy aceptadas con pequeñas variaciones sobre el nombre de los trastornos mentales, la de la OMS (Organización Mundial de la Salud) y la de la APA (Asociación Psiquiátrica Americana), Por este hecho hay desajustes en los nombres, los médicos usan más la CIE, pero los investigadores, en general, prefieren el DSM.

Debemos tener en cuenta que cada vez se detallan más subtipos de trastornos mentales. Es un trastorno mental la falta de apetito, también la falta de sueño, así como la psicopatía es ahora considerada una forma del trastorno de personalidad, hay muchos, de momento nos centramos en el trastorno por déficit de atención, propio de la infancia y la adolescencia, por su número y por su relación con el movimiento.

1.2.2.1. Déficit de atención

Aunque siempre ha existido, con este nombre u otros, ha faltado consenso en su definición hasta ahora habiendo aumentado mucho los casos diagnosticados. Aparece ya en la infancia (antes de los 7 años) y los síntomas principales son falta de atención, hiperactividad e impulsividad, aunque el grado de estos síntomas puede ser muy variable. El más común es el trastorno de déficit de atención con hiperactividad, que responde a las siglas TDAH y cada vez hay más diagnósticos de este tipo.

Las características principales de cada síntoma son (CEJA 2010),

Falta de atención:
- Dificultad para centrarse en una sola tarea de trabajo o de estudio, les cuesta organizarse.
- No prestan atención a los detalles incurriendo en errores.
- Pierden objetos.
- Parecen no escuchar, no siguen instrucciones.
- Se distraen con estímulos irrelevantes.

Hiperactividad:
- Abandonan a menudo su asiento.
- Hablan en exceso.
- Corren o saltan en situaciones inapropiadas.

Impulsividad:
- Responden de forma precipitada y sin que se haya acabado de formular la pregunta.
- No esperan su turno.
- Interrumpen a los demás.

Aunque se tiende a pensar en sus dificultades de aprendizaje y de relacionarse socialmente debe tenerse en cuenta sus aspectos positivos, pues tienen mucha energía, son creativos, su coeficiente intelectual es normal o elevado y bien pronosticados y tratados pueden llevar adelante varias cosas a la vez pudiendo ser muy eficaces en sus trabajos.

A nivel motriz se les recomienda motricidad gruesa (una posibilidad sería la natación), unido a actividades de relajación, orientación espacial, actividades en grupo, motricidad fina como hacer construcciones y actividades óculo-segmentarias como jugar al tenis o bádminton, donde es más difícil fijar la atención (Hölter, 2001). También (Carrasco, 2011) recomienda artes marciales (mejor el judo) y desaconseja los deportes de equipo.

1.2.3. Trastornos generales del desarrollo

1.2.3.1. Autismo.

Lo describe en 1943 Kanner hablando de "trastornos autistas de contacto afectivo", un ejemplo de conducta motriz citada es el "aleteo". Hasta entonces se culpaba a los padres de no dar suficiente afecto a los niños. Se les llega a llamar "asesinos de la vocación materna".

Actualmente es más correcto hablar de TEA (trastorno del espectro autista) debido a que puede haber muchas diferencias entre dos niños considerados autistas.

Son trastornos complejos del desarrollo que se presenta en los tres primeros años de vida, aunque algunas veces el diagnóstico se hace mucho después. Lorna Wing (1998) expuso que las personas situadas en el espectro autista presentan:

- Trastornos en las capacidades de reconocimiento social.
- Trastorno en las capacidades de comunicación social.
- Patrones repetitivos de actividad, tendencia a la rutina y dificultades en la imaginación social.

Se habla de orígenes genéticos (hasta un 20%) pero raramente se es autista de nacimiento. Se habla de infecciones, de casos después de administrar la triple vírica o de vivencias afectivas desintegradoras, pero no hay conclusiones definitivas. Parece haber cierta predisposición innata a la vez que determinadas circunstancias pueden desencadenar su aparición. Como curiosidad hemos de decir que en muchos casos son hijos de personas muy inteligentes y muy ocupadas como abogados, médicos o gente con cargos de alta responsabilidad.

Tratamiento:

- Los padres deben actuar como si el niño respondiera a su comportamiento (muy difícil). Sienten, pero no saben expresarlo.
- Deben ubicarse en entornos extremadamente ordenados y con decoración minimalista.
- Al hablar con ellos, detrás del que habla debe haber el mínimo de estímulos posibles, ya que se fijan en todo lo que está detrás y poco o nada en la persona que les habla.
- Rutina. Es muy importante respetarla, por ejemplo usarán siempre la misma ducha, terminarán siempre la sesión del mismo modo.

- Les gusta hacer tareas de repetición, les da seguridad. En deporte les conviene andar, correr, nadar, hacer pesas, patinar, etc. Si hacen baloncesto cada uno con su pelota, no pueden entender un juego colectivo.
- Se relacionan mejor con adultos que con iguales.
- Les gusta la música, deben elegirse músicas adecuadas que les hagan sentirse cómodos al desarrollar sus actividades.
- Les gusta el agua, debemos intentar que hagan tareas de imitación. No les gusta mojarse la cabeza y sí beber y tragar agua, pueden llegar a vomitar al terminar la sesión. En el agua es conveniente usar pictogramas de goma-eva (corcho), pues no hacen caso de las indicaciones de órdenes verbales, las palabras para ellos son aire, por eso deben usarse dibujos.
- Se les puede asignar un compañero-guía, con el que estén más cómodos.
- Les gustan los animales, especialmente los perros, caballos y delfines. Conseguimos al estar esos animales presentes que se acerquen más al mundo que les rodea. La interacción con los animales es más sencilla que con el humano, se les estimula la capacidad de dar afecto, se intenta que den órdenes, algo que nunca hacen.
- Ha habido investigaciones sobre la dieta alimentaria (se les recomienda pescado de aguas frías, p.e el salmón) y sobre la eliminación del gluten de la dieta, pero no hay conclusiones definitivas.
- También se les administran fármacos neurolépticos para actuar sobre algunos de los síntomas específicos como la ansiedad.

1.2.3.2. Síndrome de Asperger

Considerado una variante del espectro autista en la próxima publicación del DSM-V. Hay un elevado número y características propias.

Se les empieza a distinguir de los autistas a partir de los 5-6 años, siguiendo a la CEJA (2010):

- Usan el lenguaje de forma deficiente, a veces se ponen a hablar solos y de su tema preferido.
- No presentan retraso en el desarrollo cognitivo.
- Se relacionan mal con los demás y su comportamiento responde a un estereotipo.
- No reconocen la emotividad en los demás y se muestran a la vez inexpresivos.
- Pueden desarrollar trabajos donde haya poca relación social.

Cuando se hacen adultos estabilizan un poco su conducta, en actividad física debemos potenciarle la expresión corporal y las tareas de equipo.

1.2.4. Otros trastornos mentales

Están asociados a la enfermedad mental y menos frecuentes en libros deportivos por su poca ubicación en el deporte adaptado. Tampoco está claro la relación de actividades físicas recomendadas, faltan estudios, pero por ejemplo a una persona anoréxica se le desaconseja la actividad física, sin embargo a una persona agresiva se le aconsejan actividades de relajación.

Interesante por su actualidad, y actual por su gran proliferación (especialmente en las grandes ciudades) es el tema de las conductas neuróticas y psicopáticas. Resumiendo a Casanova (1990) habrá diferentes formas de percibir el ambiente y de interpretarlo según la personalidad. Confluirán dos vías en la aparición de estas anomalías: la forma peculiar de ser de la persona y el ambiente que la rodea. Cuando se une una personalidad tendente a reacciones anómalas con un ambiente conflictivo, complejo, difícil para el desarrollo normal, surgen. De todos modos suele haber una situación detonante.

El neurótico se enfrenta al mundo exterior y lo ve distinto a cómo el quiere, sintiendo que el mundo va contra él, le ataca, ... y no se defiende, lo que le supone un constante sufrimiento; el psicópata (trastorno antisocial de la personalidad), ante la misma sensación reacciona de forma violenta, ataca, agrede.

Es también importante distinguir entre psicótico (pierden el contacto con la realidad), de neurótico (donde hay un estado de malestar y ansiedad).

Los psicópatas tienen un comportamiento social anómalo, no saben convivir, no tienen salud social. Fracasan en la familia, fracasan en la escuela y fracasan con las amistades, aunque a veces pueden encontrar almas gemelas.

El tratamiento de psicólogos con psicópatas es muy complicado, a veces incluso, en periodos de rehabilitación, utilizan esos tratamiento como forma de adquirir habilidades sociales, pero que lejos de servir, provocan que las utilicen en sus perversiones (Casanova, 1990). Debe evitarse la empatía, por ejemplo al trabajar en cárceles.

Hay síntomas de tipo somático (aparato digestivo, sistema nervioso, etc.), también trastornos psíquicos (mal humor, decaimiento, apatía, estados de angustia y ansiedad). No ayuda el exceso de materialismo de la sociedad ni el acortamiento de la edad infantil, ya que trastornan los valores y el normal desarrollo de la personalidad.

Otras formas comunes de trastornos mentales (CEJA, averroes, 2012):

- *La depresión.* Es muy común, estar deprimido por algo negativo es normal, lo malo es que perdure en el tiempo. Faltan ganas para todo, se dice fallan en el cerebro los transmisores de control del estrés.
- *El trastorno bipolar.* Se oscila entre la alegría y la tristeza, se dan más casos ahora por el exceso de drogas presente en nuestra sociedad.
- *El trastorno obsesivo-compulsivo.* Se concreta en pensamientos fijos o en acciones que resultan irresistibles para el sujeto (p.e. lavarse las manos continuamente por exceso de higiene), llegando a interferir la actividad normal del sujeto.
- *La esquizofrenia.* Empieza en la adolescencia, sentimiento perturbado de uno mismo, falta de adaptación social debido a una falta de percepción de la realidad.

Trastornos de comunicación. Hacen referencia al lenguaje. Con categoría propia en la próxima revisión del manual de desórdenes mentales (DSM - V), pueden ser de voz, de sonido, de habla, hay una evolución de los denominaciones, el tartamudeo pasa a llamarse "trastorno de la fluidez del habla". El especialista propio es el logopeda.

1.3. Discapacidades sensoriales

1.3.1. Discapacidad visual.

Es un término genérico que engloba a todo tipo de problemas en la percepción visual.

Hay personas con ceguera total y personas con restos visuales. Las personas con ceguera total la podrán tener de nacimiento o haberla adquirido posteriormente. La calidad de estos restos visuales también puede ser muy dispar, pueden haber pérdidas en la visión central, en la periférica, ver borroso (propio de las cataratas) o ver con manchas (Reina y Sanz, 2012).

Llamamos ceguera a la pérdida total o parcial de la visión. Siguiendo a Leonhardt, Codina, Valls (1997;196), citados por Reina y Sanz (2012), una persona es ciega cuando les pasan una de estas dos cosas:

- Pierde la capacidad de enfocar (agudeza visual). Siendo su agudeza visual corregida máxima de es 1/10 (0,1),
- Pierde la capacidad de ver los objetos sin mirarlos de forma directa. (amplitud del campo visual) se encuentra reducido a 10 grados. Normalmente el campo visual abarca un ángulo ligeramente mayor de 180 grados.

Las causas de la ceguera pueden ser de nacimiento o por lesiones en el ojo, en el cerebro o en el nervio óptico (p.e. un impacto en la cabeza por no llevar casco).

Las personas que han nacido ciegas carecen de referencias sobre cómo es el entorno que las rodea. Las personas con restos visuales pueden orientarse a la luz y perciben masas, colores y formas.

Su visión de cerca es insuficiente para la vida escolar o laboral, por lo que requieren gafas.

Algunas enfermedades de la vista son:

- Ambliopía, es una afectación del nervio óptico. Se conoce como "ojo vago" y se corrige poniendo un parche en el ojo sano para hacer trabajar al "vago".
- Miopía-hipermetropía, son anomalías de refracción, exceso o defecto de potencia de refracción, provocando que las imágenes se enfoquen antes o después impidiendo ver bien de lejos o de cerca.
- Astigmatismo, córnea deformada tipo balón de rugby, se ven los objetos distorsionados o borrosos.
- Cataratas, el cristalino se vuelve opaco, lo que no deja pasar la luz hacia la retina.
- Glaucoma, exceso de presión del humor acuoso dentro del globo ocular, produce defectos en la visión y atrofia del nervio óptico.

Las características psico-sociológicas de los ciegos/as son inseguridad, soledad, monotonía, inferioridad, dependencia, autoestima e imagen corporal diferentes.

El desarrollo muscular puede ser insuficiente por falta de actividad física debido a la inseguridad de sus movimientos, tienen una forma de caminar y actitud postural propias (caminan con los brazos sin coordinar con los pasos, las rodillas tienden a doblarse, la espalda un poco curvada). Les cuesta correr y sobretodo elevar las rodillas, pues sus apoyos son de base amplia y completos, haciendo mal la transición talón-pie.

El desarrollo de los otros sentidos es grande y en cuanto a la percepción se guían por el eco, olor y sonidos para orientarse. Pueden ser autónomos, controlando bien sus referencias, o ayudándose de un perro guía.

1.3.2. Discapacidad auditiva

La sordera es la pérdida total o parcial del sentido de la audición. Esta carencia no sólo afecta al desarrollo lingüístico de la persona, sino que incide en su personalidad.

Hay distintos tipos de sordera:

- Según el momento de aparición: *prelocutiva*, antes de adquirir el lenguaje (aprox. 3 años) y *postlocutivas* cuando es después.
- Según su forma de aparición: *brusca* cuando ocurre repentinamente o *progresiva*, cuando es poco a poco.
- Según el punto de vista pedagógico: *sordos/as*, cuando no han podido escuchar nunca su propia lengua, su audición no es funcional, necesitando técnicas especiales e *hipoacúsicos*, cuando su audición es funcional para su vida cotidiana, han podido adquirir el lenguaje por vía auditiva (Reina y Sanz, 2012).
- Según el grado de audición (Ríos, 2007):
- *Leves*: pérdida entre 20 y 40 decibelios (db). Hay percepción del habla, pero no de toda.
- *Medias*: pérdida entre 40 y 70 db. Dificultad en la percepción del habla.
- *Severas*: pérdida de 70 a 90 db. Perciben sonidos ambientales y sonidos de vocales, pero no perciben consonantes.
- *Profundas*: pérdidas superiores a 90 db. No hay percepción del habla. Se guían por vibraciones de ritmos, melodías.
- *Cofosis*: pérdidas superior a 120 db. Sordera completa.

Las causas de que se produzca sordera pueden ser varias. A veces por haber casos en la familia (hereditaria), por problemas en el embarazo, en el parto o en los primeros días de nacimiento, por infecciones víricas o como consecuencia de otras enfermedades (meningitis, rubéola, paperas).

En el mundo del deporte una causa es al practicar submarinismo y no realizar las paradas adecuadas de descompresión, se revientan los tímpanos.

También se está descubriendo ahora la pérdida de capacidad auditiva por la ingesta continuada de fármacos en principio con pocas contraindicaciones como la aspirina y el ibuprofeno. Los jóvenes de hoy en día están desarrollando sordera tanto por el uso de aparatos electrónicos con música (tipo ipod) a un alto volumen como por la asistencia a discotecas con el volumen ambiente muy alto. Las células auditivas no se regeneran cuando se destruyen y el proceso no tiene reversibilidad.

Los efectos de la sordera son múltiples y las diferencias individuales muy grandes pudiendo producir alteraciones de distinto grado en el desarrollo del lenguaje, el habla y la voz; así como en el desarrollo cognitivo y en el desarrollo de las habilidades sociales.

Van a usar audífonos casi todos ellos, aunque normalmente se lo van a quitar para hacer deporte. Es importante que reciban entrenamiento para leer los labios y para utilizar el lenguaje de signos, aunque hay algunos que rechazan el lenguaje de signos. Curiosamente no hay un lenguaje de signos universal, hay muchas variantes territoriales, aunque sí muchas cosas comunes.

Las personas sordas o hipoacúsicas suelen tener problemas de equilibrio, especialmente si está afectado el oído interno donde se encuentran los tres anillos semicirculares que permiten orientarse en el espacio. También es común que arrastren un poco los pies pues no escuchan sus propios pasos.

Una mala audición va a retrasar el aprendizaje y a dificultar la relación con otros chicos y chicas. Normalmente tienen un carácter arisco, de todos modos se suelen integrar bien en los centros educativos.

2. VALORACIÓN Y CLASIFICACIONES MÉDICO-DEPORTIVAS

2.1. Las clasificaciones. Criterios y finalidad de las clasificaciones

Los tipos de discapacidades son muchas, por lo que, para solventar el posible desequilibrio que se originaría al competir deportistas con diferentes potencialidades físicas, es necesario elaborar valoraciones médicas y clasificaciones funcionales. De esta forma surgen distintas clasificaciones dentro de cada especialidad deportiva, para que todos estén al mismo nivel. Así surgen las diferentes categorías competitivas.

Cuando hablamos de deportes debemos hablar de federaciones y de su agrupación en los comités olímpicos, en este caso paralímpicos. El IPC (Comité Paralímpico Internacional) engloba a 5 grandes federaciones: la de los deportistas en silla de ruedas y amputados (IWAS), la de los paralíticos cerebrales (CP-ISRA), la de "los otros", *les autres* (LA), la de los discapacitados intelectuales (INAS-FID) y la de los ciegos (IBSA). También es importante la ISOD (organización internacional para el deporte adaptado) que coordina las anteriores y trabaja en la inclusión de estos deportistas a nivel internacional. Por su cuenta van la de los sordos, ICSD, comité internacional de deportes para sordos (organizan su propia sordolimpiada y no compiten en las paralimpiadas) y la de los discapacitados intelectuales más graves "Special Olympics" que tampoco compiten en paralimpiadas.

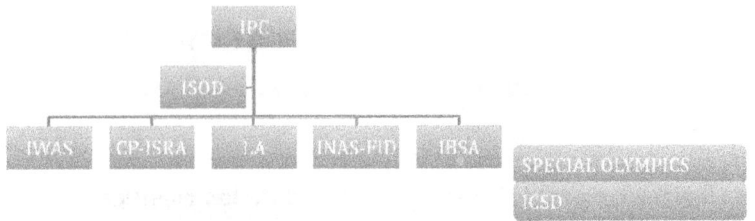

Cuadro representativo de las organizaciones internacionales de deporte adaptado.

También ocurre que un mismo deporte para discapacitados puede estar bajo el amparo de su federación nacional para deportistas no discapacitados. Un ejemplo es el tenis en silla de ruedas con la correspondiente tutela en España por la Real Federación Española de Tenis.

Cada federación tiene en cuenta las clasificaciones médicas y hace su propia valoración funcional y grupos para regular su competición, revisando y actualizando continuamente. La tendencia es a reducir categorías, ya en el futuro a competir con "hándicaps" como el golf, es decir dar puntos de ventaja a la categoría justo inferior. Un ejemplo en concreto de esta opción es organizar un partido de tenis de mesa entre un TT1 y un TT2, donde se le dan 5 puntos de ventaja al TT1, de momento es experimental. (Un TT1 es un discapacitado físico en silla de ruedas con mínima movilidad)

Existe también un concepto muy importante que es la *valoración mínima para poder competir*, en general se considera que "la desventaja debe ser tan grave como para no poder competir en el deporte normalizado" (Sanz y Reina, 2012). Un ejemplo de valoración mínima es la altura máxima de los deportistas enanos, 1,45 m es el tope en IWAS para poder competir en atletismo los hombres, 1,40 m en mujeres, siendo el tope médico solo 1,30 m.

Veamos ahora algunas clasificaciones de deportistas:

2.1.1. Clasificación de deportistas discapacitados físicos.

La Federación Internacional de deportistas en silla de ruedas y amputados (IWAS) establece categorías tanto para los que van en silla de ruedas como para los que pueden deambular en el medio terrestre o acuático y que sufran lesión medular, espina bífida o polio, para amputados y también para "los otros".

Establece para lesionados medulares 7 categorías: 1 (A, B y C), 2, 3, 4 y 5, siendo la categoría 1 los más graves, con lesión a la altura de las cervicales (afectación de los cuatro miembros) y los de categoría 5 los afectados más ligeros con lesión en las vértebras lumbares y buen equilibrio estando sentados.

A los amputados también los clasifica en 9 niveles siendo A1 una doble amputación por encima del nivel de la rodilla, A2 igual pero solo una pierna, A3 sería una doble amputación por debajo de la rodilla y A4 igual que A3 pero en una sola pierna; A5, A6, A7 y A8 siguen el mismo esquema para las extremidades superiores y A9 se reserva para amputaciones tanto en miembro superior como en inferior.

Ya hemos comentado el tope para atletismo a los enanos pero comentar que ese tope puede ser distinto en otros deportes o en próximas revisiones.

2.1.2. Clasificación de deportistas en categoría "los otros" (LA)

La IWAS también clasifica a los otros (LA), siendo un ejemplo de ellos los afectados por esclerosis múltiple. Hay 6 categorías, en su caso debe consolidarse la categoría justo antes de la prueba por su carácter degenerativo. Un LA 1 tendría la valoración peor y un LA 6 la mejor.

2.1.3. Clasificación de Paralíticos Cerebrales

Por su elevado número tienen federación propia (la CP –ISRA) con deportes propios, y las categorías van de C1 a C8, de menor a mayor gravedad, las 4 primeras van en silla de ruedas, las otras 4 van andando. Pero hemos de recordar que después cada deporte tiene sus propias agrupaciones, por ejemplo en el boccia hay solo 4 grupos.

2.1.4. Clasificación de los deportistas discapacitados intelectuales

La Federación Internacional de Disminuidos Intelectuales (INAS-FID) reconoce tres niveles: A, B y C, pero sólo organiza competiciones para los de nivel A u otros que sean buenos jugando o tengan buenas marcas. Un nivel A (S14 en natación) puede tener un coeficiente intelectual bajo (menos de 70 en el test de Wisc, o bien estar diagnosticado en otros trastornos, como el autismo o el TDAH (la FEDDI si reconoce a los TDAH, pero a nivel internacional todavía no están reconocidos).

Existe otra organización a nivel internacional (Special Olympics), que organiza deportes y juegos adaptados para personas con mayor discapacidad intelectual, les adaptan el reglamento, los agrupan por niveles y el objetivo es más participativo que competitivo.

2.1.5. Clasificación de los deportistas ciegos

Dentro de la clasificación deportiva de la Federación Internacional de Deportes para Ciegos (IBSA), existen tres categorías:
- B1: inexistencia de percepción de la luz en ambos ojos, hasta percepción de la luz pero incapacidad para conocer la forma de una mano a cualquier distancia o en cualquier dirección, es una categoría especial para las personas con falta total de visión
- B2: capacidad para reconocer la forma de una mano con el brazo estirado hasta una agudeza visual de 2/60 y/o un campo visual de menos de 5 grados.
- B3: afectación más leve de la visión, pero no ven más de un 10%.

2.1.6. Clasificación de los deportistas sordos

Es el ICSD quien organiza las competiciones para sordos fuera del movimiento paralímpico. En la valoración de los deportistas sordos hay también una valoración mínima, los 55 db, y una clasificación única, compitiendo todos juntos. Tienen federación propia y deportes propios.

2.2. Estructura y elementos de una valoración

En el ámbito de la valoración se trata de conocer las capacidades del deportista en relación con la práctica deportiva.

Un ejemplo es la hoja de valoración que hace la FEDDEF (Federación Española de Deportes para Discapacitados Físicos) donde le dan un 50% al ámbito motor, un 20% al ámbito visual y un 30% al ámbito mental.

Existen dos grandes subgrupos en discapacidad física, por un lado están los afectados por lesión medular, poliomelitis, amputados y similares y por otro lado los afectados por parálisis cerebral, traumatismo craneoencefálicos y accidente cerebro bascular; es decir un primer grupo donde el ámbito mental no debe estar afectado y un segundo grupo en el que generalmente sí lo estará.

A su vez, en los casos de discapacidad física primero se distingue a los que pueden andar de los que van en silla de ruedas.

a) Si puede andar:
- Tipo de implementos que necesita para andar o correr.
- Tipo de equilibrio sobre una pierna, las dos y sobre una tabla oscilante con una pierna y con dos.
- Problemas que se le presentan cuando lanza un objeto o gira sobre uno de sus ejes.
- Tono muscular
- Posibilidad de caerse al ejecutar el movimiento deportivo en cuestión.
- Gestión de la posible caída.

b) Si lleva silla de ruedas:
- Tipo de silla que necesita para su deporte y cómo la maneja.
- Tipo de desplazamiento que es capaz de realizar, slalom, giros, paradas.
- Sincronía entre cabeza, tronco y brazos.
- Valoración de la prensión manual estática (apretar un manómetro).

- Capacidad para reequilibrar el tronco después de lanzar a canasta o de intervenir en un choque (como ocurre en el "Quadrugby").

Natación para discapacitados

Un ejemplo de valoración funcional deportiva es la natación, mientras ciegos y discapacitados intelectuales compiten en categorías independientes, minusválidos físicos por cualquier causa (lesionados medulares, enanismo, amputados, etc.) y paralíticos cerebrales compiten conjuntamente mediante un sistema de clasificación funcional, es decir depende de su capacidad para nadar.

Citamos ahora como ejemplo las pruebas que realiza CP-ISRA para clasificar a sus deportistas en natación. Su valoración funcional se hace tanto en agua como en seco, en este caso hay un test de "tono muscular" para valorar la espasticidad de brazos, piernas y manos, así como si deambula o no. En la valoración de agua se valora la acción de pateo, de brazada, de salida y de viraje. Tras analizar todos los resultados la Federación clasifica al deportista y determina a qué grupo pertenece.

Detallamos ahora la clasificación internacional aceptada por el IPC desde 1988, en los juegos de Seúl, aunque luego ha sufrido ligeras modificaciones:

Todas las clases empiezan por "S".
- El prefijo "S" indica estilo libre, espalda y mariposa.
- El prefijo "SB" indica la clase para braza.
- El prefijo "SM" indica la clase para estilos.
- Las clases de S1 a S10 son para nadadores con discapacidad física. Siendo un S1 el de menor capacidad física en el agua y un S10 el de mayor. Por ejemplo un deportista de categoría S7, es una nadador/a con total uso de brazos y tronco, con alguna función de piernas o tiene coordinación o debilidad en el mismo lado del cuerpo o puede también tener pérdida de dos miembros.
- Las clases S11, S12 y S13 son para nadadores ciegos.

- Por ejemplo un deportista de categoría S11 sería el de menor visión, debiendo competir con gafas opacas.
- La clase S14 es para discapacitados intelectuales. S15 es exclusiva de los síndromes de Down.
- Por ejemplo una persona con síndrome de Down que compitiera en braza sería clasificada con SB15.

En España la FEDDI, en natación incorpora las categorías S16, para deporte adaptado, donde el reglamento se modifica lo suficiente para poder competir, S17, donde se permite el uso de material auxiliar de flotación y S18 (categoría junior, entre 12 y 15 años). Estas categorías no tendrían rango paralímpico, pero destaca su espíritu participativo, ellos proponen distancias cortas y hablan de ayudas en posición ventral o dorsal en S17.

Los discapacitados auditivos no entran en clasificaciones, compiten entre ellos con jueces y entrenadores sordos y con un estímulo visual para la salida en natación. La discapacidad mínima para competir son 55 dB.

La distancia de las pruebas tampoco es la misma para todas las categorías. En general decir que a la discapacidad física se le eliminan las pruebas más largas, de 800 y 1500 m. También se reducen de 200 a 150 metros las pruebas de estilos al eliminar la mariposa en las clases con mayor afectación (SM1, SM2, SM3, SM4).

No está permitido el empleo de prótesis de ningún tipo, sin embargo se permite que un nadador ciego pueda tocar la corchera mientras no se impulse. Los nadadores S11 deben competir con gafas opacas, para los demás nadadores ciegos se intentará que haya la mejor luz posible y buen contraste entre banderas y techo.

También es curiosa la organización de los relevos, por ejemplo en el 4x100 libres en discapacidad física los 4 participantes no pueden sumar más de 34 puntos o en relevos de ciegos debe haber un S11 y un S12 como mínimo. Si se puede, se utilizan dos calles por equipo para evitar choques.

3. NOCIONES MÉDICO-SANITARIAS DE LA ACTIVIDAD FÍSICA ADAPTADA

3.1. Higiene y cuidado específico de las secuelas

Muchos niños impedidos son capaces de atender sus propias necesidades higiénicas. La capacidad de hacer esto puede determinar si hay que enviar o no al niño a una escuela especial. Con cualquier niño, la educación higiénica debe iniciarse gradualmente sin crear demasiada ansiedad ni a los padres ni al niño.

El momento adecuado depende del niño y del tipo de impedimento. La mayoría de los niños comienzan a ser conscientes de sus funciones corporales a partir de los 18 meses. Se habla de la "fiesta del pipi" para celebrar los aciertos y se recomienda no tener en cuenta los fracasos. A veces hay retrocesos y si el niño está triste y abrumado debe interrumpirse el proceso e iniciarse más adelante. Es también recomendable que el inicio del proceso coincida con la llegada del buen tiempo.

En un niño impedido lo mejor es una taza del váter más bajita, donde apoye bien los pies y le dé seguridad. Un niño que necesite silla de ruedas lo normal es que se siente al revés. Es recomendable una barra sujeta a la pared y si no hay una taza más pequeña es recomendable el uso de un escalón. También es recomendable la presencia de barras laterales según el caso.

Si no hay inconvenientes de tipo médico, sumergirse en la bañera puede ser una experiencia agradable. Una almohada de baño en la que apoyar la cabeza y los hombros puede hacerlo más confortable. Existen cojines inflables con ventosas que se pueden sujetar a la bañera o a los azulejos. Para evitar quemarse es imprescindible un termómetro de agua.

Existen varios aparatos que permiten sentarse en la bañera, también hay esponjas y mopas de mango largo. Los mangos de alambre o materiales deformables son más útiles que los rígidos como el plástico. Serán útiles un suelo antideslizante y agarraderas según el caso.

Al salir del agua es complicado también secarse. Si hay un radiador mejor que esté en alto, pues si es de los de suelo lo pueden toquetear y electrocutarse. Como se tarda un poco en vestirse lo mejor es tener la ropa ya en el baño y usar un albornoz o una toalla grande con un agujero en el centro por donde pueda pasar la cabeza y así taparles para que no se resfríen.

De igual forma se puede encontrar remedio en todos aquellos útiles de aseo (cepillos de dientes, maquinillas de afeitar, peines, barras de labios, etc) añadiéndoles mangos o forros con gomaespuma y cinta adhesiva para agrandar o alargar el diámetro, así se facilita la operación.

3.2. Aspectos generales en el mantenimiento del material protésico

Es importante tener una actitud positiva hacia las muletas, ortopedias o andadores, así como cualquier otro material auxiliar: gafas, audífonos. El niño que los usa necesita el apoyo realista de sus padres, que lo vean como un medio facilitador y no como el recuerdo de la dificultad que tienen, sino cuando surgen contratiempos hay ganas de tirarlos contra el suelo o algo parecido.

Unas gafas deben guardarse por la noche en una funda rígida, no permitir que estén rayados los cristales (se rayan más los orgánicos que los de cristal) y limpiarse con agua o productos especiales y una gamuza no agresiva.

Los audífonos también deben guardarse por la noche en fundas rígidas. Algunos de ellos también deben quitarse para hacer deporte. Estos a su vez llevan baterías que deben sustituirse o recargarse, es útil también tener un medidor del estado de la batería.

Los aparatos para andar pueden usarse a partir de los dos años. El típico "seiscientos" es una armadura metálica ligera que se usa mucho en rehabilitación para sujetarse cuando se está de pie. También los hay con dos ruedas y manillar no deslizante. Como cualquier otro material protésico debe conservarse limpio y engrasado.

Si se usa bastón es mejor que la base tenga un taco de goma, cuanto más grande mejor, los hay hasta con forma de ventosa y con cuello flexible, lo que facilita el ángulo de apoyo. También existen topes para suelos helados.

Las muletas están diseñadas para soportar mucho más peso que un bastón, es importante calcular la longitud correcta y explica como caminar correctamente con ellas.

En el caso de las sillas de ruedas, la normal para uso personal, tiene un respaldo recto y brazos fijos, ruedas grandes atrás y pequeñas delante, frenos y generalmente apoyos para los pies desmontables. Suelen ser plegables para que se puedan guardar en un coche.

Entre las versiones modificadas de la silla típica existen:
- Modelos para impulsar con una sola mano con ruedas de aro doble que permitan montarse en cualquier lado,
- Modelos para amputados de las piernas con las ruedas impulsoras más atrás para compensar el peso y así ser más fácil mantener el equilibrio.
- Modelos para hemipléjicos, que tienen el asiento más bajo para poder impulsarlas con los pies.
- Modelos con brazos desmontables que facilitan la transferencia a otros sitios.

Es importante tenerla seca, limpia y sin orín, engrasarla regularmente y tener las ruedas con la presión de inflado correcta.

3.3. Adaptación al esfuerzo y contraindicaciones.

El cuerpo humano pasa por dos fases inevitables:
- El crecimiento y el desarrollo.
- La atrofia y la degeneración.

En consecuencia, el ejercicio físico que nos llevaría a la buena forma, es especialmente importante y debe empezar tan pronto como sea posible, antes de que el cuerpo esté totalmente desarrollado.

Los músculos y los órganos que no se usan, o se usan menos, inevitablemente se atrofian. Si las necesidades físicas de un minusválido son ignoradas o suprimidas su limitación física se verá ampliada. La participación en programas deportivos ha mejorado la alegría y ganas de vivir del minusválido, así como ha enriquecido su estima personal.

La ventaja de practicar un deporte reglado sobre los ejercicios curativos es su valor recreativo, que ofrece una motivación extra, constancia, compromiso con los compañeros y mantenimiento del tono físico sin ser el objetivo principal.

La adaptación al esfuerzo es una de las características de la "Teoría del entrenamiento deportivo", ciencia que analiza como la fisiología humana se adapta a las necesidades físicas que le surgen. La teoría del estrés significa que el cuerpo se adapta hasta que se rompe, lo que implica que la adaptación al esfuerzo debe de ser progresiva, y también que el cuerpo humano tiene límites, la combinación de dieta, ejercicio adecuado y descanso será clave en el éxito de cualquier deportista. A nivel general los médicos recomiendan media hora al día de ejercicio aeróbico, básicamente andar, correr, nadar o ir en bicicleta a un ritmo bajo y constante. En niños se desaconseja la práctica intensiva precoz por el riesgo de causar lesiones permanentes o alterar el crecimiento (Personne, 2005), por ejemplo un niño que haga muchas horas de esquí es fácil que tenga lesiones de rodilla. El límite natural para un niño o un discapacitado sería dos horas diarias. Cualquier deportista que supere este límite deberá tener un estricto control por parte de médicos y fisioterapeutas.

De los 14 principios del entrenamiento propuestos por Grosser, Zimmerman y Starischa (1989), dos tienen especial aplicación en el deporte para discapacitados:

1º Principio del incremento progresivo de las cargas. El cuerpo debe adaptarse paulatinamente a los nuevos esfuerzos y necesita reposo para consolidar la mejora.

2º Principio de alternancia. Debemos alternar volumen (cantidad de ejercicio) e intensidad.

En contraindicaciones debemos distinguir los deportes que les gustan de los que les sientan bien, por ejemplo, a un discapacitado con mucha ansiedad puede que no le convenga competir; los deportes con implemento son más descompensados que otros, y también debe tenerse en cuenta el buen tono físico que debe tener la espalda.

3.4. Lesiones

Lamentablemente la falta de sensibilidad, de coordinación o de prudencia pueden provocar lesiones a los discapacitados que se lanzan a hacer actividad física, será muy importante calentar y recuperar, pero también tomar todas las medidas preventivas posibles:

- Eliminar las barreras arquitectónicas de acceso.
- Llevar ropa y calzado adecuado.
- Proteger al deportista mediante vendajes preventivos o férulas.
- Elegir prótesis adecuadas, y en buen estado.
- Llevar un mantenimiento adecuado de la silla de ruedas, controlar el almohadillado y los reposabrazos.
- Usar guantes.
- Enseñar cambios posturales en la silla de ruedas y elevaciones de brazos.
- Competir con rivales homogéneos.
- Controlar del grado de ansiedad del practicante (p.e. a veces un árbitro debe parar un partido si se están produciendo situaciones de mucha confusión.
- Mantener una higiene, nutrición e hidratación adecuadas.

Aún así se producirán algunas lesiones, ahí van algunas:

Contusiones. Un nadador ciego tiene lesiones en las manos por impactar frecuentemente con la corchera, especialmente los B1.

Fracturas. Un discapacitado psíquico que tropiece corriendo a gran velocidad tendrá dificultades en controlar la caída, especialmente si tiene además ataxia.

Quemaduras. Un lesionado medular que entre en una bañera con el agua muy caliente puede sufrir quemaduras en la piel de la zona no sensible.

Rozaduras. Los muñones o las manos de los que juegan a baloncesto en silla de ruedas presentan muchas veces rozaduras

Contracturas. Los jugadores de tenis en silla de ruedas presentan muchas veces molestias en la espalda.

Heridas. Los autistas tienen distinto el umbral del dolor, un ruido muy pequeño puede molestarles mucho y sin embargo pueden morderse la mano hasta hacerse herida sin notar el dolor.

En una competición organizada será muy importante disponer de fisioterapeutas y de personal sanitario para atender todas estas molestias, siendo también importante enseñarles a los discapacitados como prevenirlas y como curárselas.

3.5. Transferencias

Es un término relacionado con la dificultad de trasladar a un discapacitado, sea con ayuda de terapeutas o bien con ayuda de accesorios móviles.

Existen diferentes opciones para realizar las transferencias de una silla a una cama o a un sillón, o al inodoro. Como son las tablas de transferencias, discos giratorios, cinturones de transferencias, grúas o meros asideros.

También tenemos que imaginarnos la entrada en el agua de una piscina o en el mar, existen playas adaptadas donde un caminito por encima de la arena permite acercar al máximo la silla a la orilla. En las piscinas interesa primero que esté a la misma altura de la calle, que el agua enrase con el borde de la piscina, que se pueda dar una entrada paulatina con la ayuda de una barandilla o para casos de menor movilidad que haya una grúa tipo la de los hospitales para levantarlos de la cama.

3.6. Actuaciones previas y posteriores a la actividad física. Calentamiento y recuperación

El hacer un buen calentamiento y una buena recuperación va a tener aquí un especial sentido. Por ejemplo los discapacitados psíquicos tienden a hacer un sobreesfuerzo ya en el calentamiento. Hay casos, como los síndrome de Down, donde es recomendable el uso de un pulsómetro durante la sesión, lo que a simple vista puede parecer simples ejercicios de calentamiento para ellos pueden suponer un ejercicio intenso. Es recomendable calentar tras una breve carrera o paseo, de forma estática: de arriba abajo (de cuello a tobillo) o de abajo a arriba, siendo metódicos y repetitivos, y hacer ejercicios de movilidad mejor que estirar, al menos en el calentamiento, pues les cuesta mucho controlar la tensión muscular en los estiramientos ya que tienden más a hacer contracciones excéntricas que a estirar.

En la vuelta a la calma y en todos los grupos de discapacitados es bueno hacer uso de la música, de la poesía y de la reflexión en voz alta. Se le debe dar mucha importancia a esta parte de la sesión pues la van a mantener con mayor fuerza en su recuerdo invitándoles a volver.

3.7. Tests específicos de valoración del esfuerzo

En principio valdrían cualquiera del ámbito escolar o deportivo, citamos pues a la *batería eurofit*, una batería de pruebas en el ámbito europeo que se elaboró en 1983, pretendía homologar dichas pruebas y vincularlas a la salud.

Se hacen pruebas en varias dimensiones pero a nosotros nos interesan la dimensión orgánica y la dimensión motriz. Son perfectamente aplicables a personas con discapacidades salvo limitación física o contraindicación.

En la dimensión orgánica hay 3 pruebas:

- La Course Navette.
- El test de Cooper.
- Una prueba en cicloergómetro.

En la dimensión motriz hay 10 pruebas:

- Fuerza manual con un dinamómetro.
- Salto de longitud sin carrera previa.
- Prueba de agilidad: correr entre dos líneas a 5 metros 10 veces.
- Plate tapping. Es una prueba de velocidad segmentaria, se coloca una mano en el centro y se golpea a los lados de esa mano lo más rápido posible.
- Fuerza resistencia. Suspensión de una barra con flexión de codos, aguantar el máximo de tiempo posible.
- Abdominales durante 30 segundos.
- Flexibilidad. Sentado con piernas estiradas se flexiona el tronco sobre las piernas y se alargan brazos y manos sobre un cajón.
- Equilibrio. Test del flamenco, que consiste en aguantar de pie con los brazos en alto y un pie apoyado en la rodilla contraria.

3.7.1. Para discapacitados físicos

Las personas que presentan discapacidades físicas pueden tener muy diverso origen. Un síndrome de Down, al tener problemas cardíacos, no debe ser sometido a una prueba de esfuerzo máxima, tipo una course navette, pues estamos forzando su corazón, sin embargo esa misma prueba, puede hacerse perfectamente en silla de ruedas, lo curioso es que su adaptación consiste en hacer giros de 90 grados, no de 180 como las personas que no van en silla de ruedas. Este test lo proponen (Santos, Ensenyat y Ruiz Sánchez, 1999, citados Ríos, 2005) y le llaman *"Test incremental de potencia aeróbica máxima para usuarios de silla de ruedas"*.

El press de banca también es una buena prueba de esfuerzo, de hecho es parte de un deporte paralímpico (powerlifting). Aunque según el caso es más recomendable el uso de máquinas isocinéticas, donde la fuerza es ejercida durante todo el recorrido articular y no sólo en la arrancada como al levantar peso libre, en este caso hay menor riesgo de lesión durante la prueba.

También pueden emplearse ergómetros, la cinta de correr, el cicloergómetro, el remoergómetro o el ergómetro de brazos según las características propias. Del mismo modo pueden hacerse pruebas de ácido láctico como a cualquier deportista, o usar un "Gow", camiseta con sensores diseñada por una empresa valenciana, la cual se conecta a un *iphone* y aporta datos de calorías, distancia, pulsaciones y pendiente.

En el caso de otras discapacidades es más correcto hablar de pruebas de habilidad motriz que de pruebas de esfuerzo. A veces se les pide algo muy sencillo, a modo de ejemplo se citan algunas pruebas que hacen los deportistas con lesión cerebral (PC):

1. Andar en línea recta.
2. Correr en línea recta.
3. Saltar sobre un pie, sobre los dos, hacia atrás.
4. Andar en cuadrupedia, hacia delante, hacia atrás.
5. Llevarse el dedo índice a la nariz, de una y otra mano.
6. Juntar el dedo gordo de cada mano con los restantes.
7. Desde sentado o tumbado ponerse de pie.
8. Sentado en la silla, tocar con cada mano, la punta del pie del lado contrario.
9. Sentado en la silla coger con las manos una pelota de goma, que está entre los pies y elevarla por encima de la cabeza, luego vuelta a empezar.
10. Realizar movimientos técnicos específicos que tengan que ver con el deporte a realizar.

3.7.2. Para discapacitados psíquicos

La Asociación Nacional para el Deporte Especial (ANDE) confeccion una batería que permite observar y medir la capacidad motriz. La batería establece cuatro categorías: oro, plata, bronce y participante.

Normas para la realización de la batería:

Todos los alumnos deberán comenzar cuando estime su profesor con el intento de obtener la categoría bronce. Se concederá este grado cuando el alumno realice positivamente 8 de las 11 pruebas de que consta dicho grado.

Para poder optar al grado plata habrá primero de superar las 11 pruebas del grado bronce. Para conseguir el grado plata deberá conseguir 9 de las 14 pruebas de las que consta este grado.

Para conseguir el grado Oro hace falta conseguir 10 de las 16 pruebas de las que consta este grado.

Ejemplos de pruebas de cada grado:

BRONCE	PLATA	ORO
Andar 1 km. solo sin ayuda al lado del educador	Correr 5 min. sin pararse al lado del educador	Correr 15 min. en terreno variado, al lado del educador
Subir y bajar una escalera de 10 peldaños sin barandilla y sin ayuda	Correr 30 m. en menos de 10 segundos	Correr 3 m. y saltar por encima de una cuerda a 30 cm. del suelo
Pasar bajo un obstáculo a la altura del ombligo sin tocarlo	Voltereta adelante, salida y llegada en cuclillas	Voltereta atrás sobre la espalda, inicio en cuclillas
Lanzar un balón de voleibol a una diana de 1 m. de diámetro a 2 m., acertar 3/5	Lanzar y coger un balón que alguien lanza a 3 m. de distancia, 3 veces sin caerse	Nadar 15 m. sin poner los pies en el suelo * También ir en bici o patinar

Cuadro habilidad motriz para ANDE

3.7.3. Para discapacitados visuales

Podrían hacer las mismas pruebas que las persona sin discapacidad adaptando los resultados. De todos modos algunas pruebas tipo son:

- Lanzar una pelota hacia puntos distintos.
- Recibir un balón desde distintas posiciones.
- Conducir un balón sonoro en zig-zag.
- Orientarse respecto a señales acústicas.
- Saltar y realizar un giro en el aire 90°, 180° 360°.

3.7.4. Para discapacitados auditivos

Las mismas pruebas que una persona no discapacitada, sólo sería necesaria una buena demostración y la adaptación de los resultados.

4. BARRERAS ARQUITECTÓNICAS

Normalmente, cuando se habla de personas discapacitadas y de barreras arquitectónicas se piensa únicamente en personas que necesitan una silla de ruedas para desplazarse. En realidad el tema es mucho más amplio, hay que pensar en todas las discapacidades y además en cualquier persona con problemas de movilidad.

Las personas con "movilidad reducida" no solo comprenden a las personas que se desplazan en silla de ruedas sino también a un gran número de individuos con la movilidad comprometida temporal o permanentemente a consecuencia de enfermedades, accidentes o simplemente por la edad y, por lo tanto, cualquier persona en un futuro próximo se podrá encuadrar en ese grupo. Los ejemplos son personas ancianas, obesas, mujeres embarazadas o personas que lleven un carrito con un niño o con la compra.

Una barrera arquitectónica es "toda aquella traba, impedimento u obstáculo físico que limite o impida el acceso, la libertad de movimiento, la estancia, la circulación y la comunicación sensorial de las personas con movilidad reducida" (definición dada en el decreto 19/2000 sobre reglamento de accesibilidad, BOE 28 de abril de 2000).

Importante aquí el matiz de la comunicación sensorial, es decir, las personas con deficiencia visual necesitan poder recibir la información de la calle de alguna forma más que sólo a base de señales visuales. (por ejemplo una señal que indique "ojo con el escalón" de poco le sirve a un ciego).

Tristemente hoy en día se siguen construyendo edificios públicos e instalaciones deportivas con importantes carencias de accesibilidad. Como técnicos deportivos se hará lo posible por concienciar a gestores deportivos, políticos y arquitectos de la importancia de construir instalaciones deportivas accesibles para deportistas y para espectadores cumpliendo las normativas y recomendaciones a tal efecto.

Es importante intentar estar presentes en el diseño de la accesibilidad a las instalaciones deportivas y si no, intentar rediseñar algo mal construido para su corrección (siempre más caro y a veces imposible).

En los pueblos las casas unifamiliares tradicionales han mantenido un estilo que permitía ajustarse a los patrones familiares del momento, pudiendo los abuelos vivir en una planta baja en la época final de su vida. Desde luego tras estudiar este tema, al lector distinguirá como mejores alojamientos para su compra un piso con ascensor hasta la planta de acceso a la casa o una casa de planta baja y detalles importantes como las puertas anchas o la amplitud de los cuartos de baño para poderse manejar en un futuro.

4.1. Legislación europea, estatal y autonómica

Marco general:

- La Constitución Española en su artículo 49 (1978) establece que los poderes públicos realizarán una política de previsión, tratamiento, rehabilitación e integración de los disminuidos físicos, sensoriales y psíquicos, a los que prestarán la atención especializada que requieran.

- La Constitución Europea en el título III (2005). Le dedica 6 artículos, el sexto habla sobre la integración de los discapacitados. La Unión Europea reconoce y respeta el derecho de las personas discapacitadas a beneficiarse de medidas que garanticen su autonomía, su integración social y profesional y su participación en la vida de la comunidad.

- La Ley 13/1982 sobre Integración social de los discapacitados, detalla medidas para hacer efectivo el principio constitucional recogido en el art. 49.

- La Ley del Deporte (1990) artículo 70, aparece regulado el deporte adaptado y las condiciones básicas que deben tener las instalaciones deportivas para estar adaptadas.

- Ley integral del Minusválido (LISMI).

- Ley 15/1995 sobre Límites de Dominio sobre Inmuebles para eliminar barreras arquitectónicas en edificios de Propiedad Horizontal.

- Real Decreto 19/2000 sobre reglamento de accesibilidad urbana.

- Plan 2004 – 2012 sobre accesibilidad en los recintos públicos.

- Real decreto 8/2011 sobre Inspección técnica de edificios, donde se incluyen normas de accesibilidad que se deben cumplir.

Marco autonómico (Andalucía):

- Decreto 72/92 sobre "Normas técnicas para la accesibilidad y la eliminación de barreras arquitectónicas, urbanísticas y en el transporte en Andalucía". Ampliado en un nuevo decreto de igual título, el 133/92.

Por supuesto la existencia de legislación no implica que se cumpla, pero es el primer paso. La existencia de normativa debe estar contemplada con los conocimientos técnicos necesarios para que pueda cumplirse lo que está legislado. Será necesario sensibilizar a los profesionales del diseño y resolución de las obras.

A nivel económico debe verse como una inversión y una ventaja. Una instalación diseñada desde el principio bajo los parámetros de accesibilidad para todo tipo de personas es más rentable por ser mayor el número de usuarios potenciales y reales que podrán usarla.

Es imprescindible empezar ya a construir sin barreras para no tener siempre la asignatura pendiente de eliminarlas.

A nivel social no debe dejarse nunca de sensibilizar a la sociedad sobre las ventajas de la accesibilidad urbana. Desgraciadamente vemos con frecuencia conductas incívicas respecto a este tema como aparcar un coche delante de un bordillo rebajado.

Existen varios convenios para eliminar barreras y un ejemplo es el de los ayuntamientos (corporaciones locales) con el INSERSO para el transporte colectivo urbano. El INSERSO aporta el 75% de la diferencia entre el precio de un autobús normal y un autobús adaptado, donde es más fácil subir y bajar por tener una plataforma retráctil en las puertas.

4.2. Las clases de barreras físicas

4.2.1. Barreras arquitectónicas urbanísticas (BAU)

Están fuera y forman parte del complejo urbanístico: aceras sin enrasar en las esquinas, itinerarios peatonales llenos de obstáculos, escasos pasos de cebra, estado del pavimento defectuoso, disposición del mobiliario urbano que impide el tránsito en línea recta, falta de relleno de las jardineras que rodean a los árboles, cabinas telefónicas inalcanzables desde una silla, etc.

4.2.2. Barreras arquitectónicas en el transporte (BAT)

Falta de ascensores en las paradas del metro, salidas y entradas estrechas en los tornos, ausencia de plataformas para poder acceder al autobús, ausencia de taxis adaptados para poder guardar la silla, ...

4.2.3. Barreras arquitectónicas en la edificación (BAE)

Escalones muy grandes, pasillos y puertas estrechas, tiradores de las puertas de pomo, ascensores reducidos, falta de aseos específicos, duchas sin mandos adaptados, falta de espacio en las gradas, barra del bar elevada, ...

* Se habla también de Barreras en la Comunicación (BC) que haría referencia a la situación explicada anteriormente donde un aviso por escrito resultaba inútil para una persona ciega.

* También resulta muy triste observar como después del esfuerzo económico y de diseño en elaborar una instalación adaptada se acaba usando de otro modo. Por ejemplo usar el cuarto de baño de discapacitados como almacén. Al discapacitado no le gusta molestar, quizás el pasillo de acceso a la instalación está sucio o es siniestro, entonces se debe intentar que no haya un acceso de 2ª categoría y que el mismo valga para todos (principio de inclusión).

* Otra observación triste es el montón de chapuzas que se hacen en el mundo de la reforma para "eliminar barreras", por ejemplo construir rampas con grandes pendientes incapaces de ser superadas sin ayuda, a veces incluso habiendo espacio de sobra.

* Toda solución arquitectónica debe a su vez ser **usable** y **segura**, pues de nada sirve poner una rampa si luego no se repara una baldosa levantada.

* Existen páginas web sobre accesibilidad muy interesantes como "accesibilidadglobal.blogspot.com.es" donde se aportan múltiples soluciones sobre cómo actuar desde el punto de vista del arquitecto, también insiste el autor del blog en la importancia de la denuncia, como medida de presión hacia entidades públicas y cómo medida de sensibilización hacia la sociedad.

4.3. Propuestas de accesibilidad.

Hemos hablado de barreras, que ya conocemos y observamos a diario, pero es más interesante hablar de soluciones y de situaciones idóneas. Siguiendo a ROVIRA-BELETA (2006), arquitecto experto en accesibilidad, propone varias ideas, algunas de las cuales se han ido convirtiendo en norma, sirva esto solo a modo de referencia.

4.3.1. Accesibilidad frente a BAU:

En las calles debería haber: aparcamiento reservado, rebajes en las aceras con pavimento antideslizante y con amplitud de 1.80 m para que pasaran a la vez dos sillas de ruedas, huecos en los árboles recubiertos, franjas con texturas diferentes que orientan a los ciegos sobre la cercanía de un paso peatonal, pasos peatonales con superficie rugosa, semáforos con avisadores acústicos, mobiliario urbano con "paso libre" de 1 m de ancho y altura libre de 2.10 m., mobiliario urbano complementario (p.e. cabinas telefónicas a 2 alturas, papeleras), quioscos y bares con altura del mostrador y de la mesa alcanzable desde la silla de ruedas.

4.3.2. Accesibilidad frente a BAT:

Ascensores en todas las paradas del metro, salidas y entradas anchas en los tornos, plataformas para poder acceder al autobús, abundancia de taxis adaptados para poder guardar la silla, autobuses con escalón adicional.

4.3.3. Accesibilidad frente a BAE:

Edificios: puertas con anchura mínima de 0.90 m, numeración con relieve en las puertas, contestador automático y timbre a una altura máxima de 1.40, planos del edificio en relieve de fácil lectura visual y táctil, pasillos de anchura mínima 1.20 m, "franjas de encaminamiento" de textura y color contrastada para orientar a los ciegos.

Escaleras: anchura mínima de 1,30 m, máximo 12 escalones seguidos, altura del escalón no superior a 12 cm, prolongación de los pasamanos (primero que haya) de 0.40 m al comienzo y final, material antideslizante, pavimento de textura y color contrastados al principio y al final de cada tramo.

Rampas: pendiente igual o inferior al 8 %, pasamanos de 2 alturas diferentes: 0.90 m. para adultos y 0.70 m. para niños, anchura mínima de 1.80 m. para poderse cruzar dos sillas de ruedas.

Ascensores: camarín de 1.20 m de fondo por 0.90 m de ancho y puertas automáticas a 0.80 m, altura de la botonera por debajo de 1.40 m y teclas de alarma y stop por debajo del teclado, teclado con rugosidad o mejor alfabeto braille.

Dentro de una instalación deportiva:

Vestuarios: anchura de la puerta 0.90 m., evitar los pomos redondos, suelo antideslizante, rejillas aplanadas con el pavimento circundante, asientos a 0.45 m de altitud y 0.50 m de anchura, colgadores de ropa a dos alturas.

Lavabos: puerta de 0.90 m que abre hacia fuera, convenientemente señalizados, lavabos sin pedestal, altura útil del lavabo de 0.70 m, espejos a partir de 0.95 m y ligeramente inclinados hacia abajo, grifería con monomando alargado o pulsador, altura de los interruptores de 1.40 m. o inferior, pestillos de las puertas de fácil manejo, inodoros a un máximo de 0.50 m., barras de ayuda de transferencia al WC, mobiliario auxiliar (jabonera, secador de manos, rollo de papel higiénico, etc.) por debajo de 1.40 m.

Duchas: banco fijo o abatible adosado a la pared, con barras de ayuda a la transferencia, grifería a 0.90 m del suelo, con mando de teléfono o bien con alcachofa orientada al asiento abatible, barra longitudinal a todo lo largo del recinto de las duchas a 1 m del suelo, tubos del agua caliente protegidos, canalización del desagüe protegida mediante una rejilla de agujeros inferiores a 2 cm y aplanada con el pavimento circundante.

Gradas: espacio reservado para espectadores con silla de ruedas, pasillos de acceso con anchura mínima de 2 m con visión del espacio deportivo, acceso directo a pista deportiva para personas con graves limitaciones físicas, barandillas de apoyo en las escaleras que dan acceso a las gradas.

Servicios: máquinas expendedoras y teléfonos con el espacio para las monedas a 1.40 m. del suelo, mostrador del bar a dos alturas o a máxima de 1 m., mesas del bar sin barra de apoyo para los pies y altura de 0.70 m.

Piscinas:

- Lavapiés o zona obligada de paso para ducharse (si la hay) con barandilla a 0.90 m del suelo.
- Profundidad máxima de 1.20 m que permita a un adulto estar de pie.
- Borde del vaso sin aristas y el agua debe enrasar a su nivel.
- Pavimento debe ser de material antideslizante (rugoso), debe también permitir una fácil limpieza y ser resistente al uso que se le va a dar.
- Escaleras progresivas con barandilla para acceder al agua fuera de la zona de nado, deben habilitarse espacios para una grúa (o más) que permita el acceso a personas con grandes problemas de movilidad.

- En piscinas exteriores debe haber itinerarios convenientemente señalizados mediante tablones de madera, pavimentos blandos o incluso arena de playa.

* Se está investigando también en suelos, paredes y materiales el convertirlos en térmicos, una aplicación serían las colchonetas en el judo, pero también hay investigaciones sobre pasamanos y pomos térmicos, baldosas, que sirvan para la conducción de las personas ciegas hacia determinadas zonas.

5. EL TRATO CON LAS PERSONAS DISCAPACITADAS

5.1. Ayudas requeridas

Deben evitarse las actitudes paternalistas, muy habituales hasta hace poco. La única forma de hacerles sentirse integrados es tratarles por su nombre y exigir o darles igual que a los demás. No conviene ofrecerse demasiado, ya que la superprotección puede hacerles sentir débiles o vulnerables. Las ayudas se harán únicamente si la persona lo necesita y lo solicita, ellos deben intentar desenvolverse por sí mismos en la vida cotidiana aportando todo lo que esté dentro de sus posibilidades. Hay que fomentar la autonomía y la seguridad en uno mismo. Un ejemplo sencillo es no darles de comer si lo pueden hacer solos.

Se debe preguntar antes de ofrecer ayuda, el hecho de que una persona tenga una discapacidad no debe llevarnos a suponer que necesita de nuestra ayuda.

En el plano escolar o deportivo aparece la figura del alumno-tutor, que velará para que la vivencia educativa no encuentre barreras insalvables, sean explicaciones, empujones de la silla o dar la mano para guiarles.

En la relación con el grupo-clase es necesario intervenir educando al grupo siguiendo las instrucciones de la persona especialista en educación especial del centro educativo. La ley de protección de datos prohíbe dar información a otros sin el consentimiento del afectado, no debemos etiquetar y sí citar aspectos en los que presenta diversidad funcional.

Se detalla a continuación una ayuda específica, la ayuda al desplazamiento del discapacitado visual, conocida como "técnica del guía vidente", desarrollada por la ONCE y expuesta por Arregui, 2010.

La técnica guía es un código de señales corporales apoyado por indicaciones verbales, que permite a la persona con ceguera o deficiencia visual desplazarse con seguridad, tener un papel activo y comportarse con naturalidad mediante el empleo de comunicación no verbal a la vez que desarrolla destrezas para desplazarse independientemente.

Posición del guía: Situarse siempre delante de la persona con deficiencia visual (medio paso), para permitir que ésta se coja del brazo justo por encima del codo a modo de pinza. La indicación para que la persona con deficiencia visual se sujete puede ser verbal o no verbal, simplemente tocando su brazo con el dorso de la mano. El guía debe colocarse en el lado opuesto en el que la persona lleva el bastón o el perro. Una opción es no cogerse y decirle al perro que siga al guía.

Posición del brazo: No existe una posición rígida, sin embargo tanto el guía como la persona con deficiencia visual deberán llevar el brazo próximo al cuerpo para trasmitir y recibir la información adecuadamente. El guía deberá llevar el brazo lo más relajado posible.

Si la persona a guiar es mucho más alta que el guía apoyará la mano en el hombro, si es un niño es mejor cogerle de la mano.

Al *caminar en técnica guía* la persona con deficiencia visual irá medio paso por detrás del guía para poder reaccionar adecuadamente a la información que le trasmita el guía. Mientras caminan el guía puede ir dando información sobre el ambiente o la ruta por la que se desplazan.

Al pasar *por un lugar estrecho o puerta* el guía debe colocar el brazo al que va sujeto la persona con deficiencia visual hacia atrás a la parte media de su espalda para indicar de una manera no verbal ese paso estrecho, eso indica que debe colocarse justo detrás de él, al superar la dificultad se deshace la posición y se vuelve a la posición normal.

Al *subir o bajar escaleras* el guía deberá aproximarse siempre al borde de la escalera en perpendicular, detenerse brevemente e iniciar la subida o la bajada yendo un escalón por delante.

En escaleras mecánicas es preferible una vez situados al inicio de la escalera colocar la mano de la persona sobre el pasamanos y permitir que aborde ella sola la escalera. En este caso el guía deberá ir delante si la escalera es de bajada y detrás si es de subida.

Para *indicar un asiento* se guía a la persona hasta la silla o asiento y se coloca su mano sobre el respaldo.

Acompañamiento deportivo

Durante la carrera el acompañante debe retrasar ligeramente su brazo de acompañamiento para dar más tiempo al jugador ciego a anticipar sus movimientos. Con los niños pequeños está más indicado cogerlos de la mano, que da más seguridad.

Si en carrera se debe subir a un lugar, el vidente debe indicarlo con la voz y posteriormente retrasar la mano de acompañamiento todo lo que pueda, frenando con la palma al compañero ciego y situando la mano a la altura del pecho para que él la coja. De esta forma se evitará el choque, se podrá ayudar al compañero a superar el obstáculo y facilitará la anticipación para colocar los pies correctamente al subir.

Si el juego se desarrolla en un espacio muy amplio y exige muchas carreras es conveniente incorporar el acompañamiento mediante una cuerda anudada sobre sí misma.

Se deben evitar los acompañamientos con la mano en el hombro ya que si bien al principio pueden dar sensación de seguridad, en realidad fatigan y alteran el patrón de zancada al mantener un brazo inmóvil.

5.2. Adaptación de consignas y explicaciones

Nociones de comunicación con discapacitados físicos

El monitor les hablará de lo que ocurre a su espalda, ya que con muletas o silla de ruedas es difícil ver lo que hay detrás, por lo demás se les hablará con normalidad.

Nociones de comunicación con discapacitados psíquicos

- Transmitir la información con lenguaje claro y sencillo.
- Saber esperar a que respondan, ya que les cuesta más, se debe tener paciencia.
- Individualizar las explicaciones más con discapacitados severos y profundos.
- No hacer alusión a su nivel de inteligencia.
- Apoyarse en la imitación.
- Fomentar la comunicación. Hacerles hablar, pedirles que verbalicen lo que han hecho al final de un ejercicio o al final de una sesión, preguntarles si les ha gustado, para qué les ha servido, etc.
- Utilizar la música como fondo aunque pueda parecer que se distraen.
- Utilizar la poesía para hacerles sentir bien.

Nociones de comportamiento y comunicación con ciegos

Siguiendo los criterios de relación y comunicación de la ONCE, 2011.

- Hablar en un tono normal, despacio y claro. No gritar o elevar la voz, las personas con deficiencia visual, en general, oyen perfectamente.
- Hablar dirigiendo la mirada a su cara. Dirigirse directamente a la persona con deficiencia visual y no al acompañante.
- Utilizar el nombre de la persona si se conoce.
- Presentarse, identificarse para que sepa con quién se encuentra y qué pretende. Informarle de lo que se va a hacer para evitar esperas sin respuesta.
- Si se le quiere saludar y no extiende la mano, se le puede coger la suya.
- Si se abandona la habitación se le avisa, si se regresa también.
- Indicarle si hay otras personas presentes.
- No sustituir el lenguaje verbal por gestos, pues estos, en muchos casos, no podrán ser percibidos por la otra persona.

- Ser específico y preciso en el mensaje con el fin de no confundir.
- No utilizar palabras como "aquí", "allí", "esto", "aquello"... ya que van acompañadas con gestos que no pueden verse por la persona. En estas situaciones es preferible utilizar términos más orientativos como "a izquierda de la mesa", "a tu derecha está el balón", "delante de la puerta", "detrás de ti". En ocasiones, puede ser también útil conducir la mano de la persona hacia el objeto e indicarle de lo que se trata.
- Utilizar normalmente las palabras "ver", "mirar", etc.; no considerarlas como términos tabú pues las propias personas con ceguera y deficiencia visual las utilizan normalmente en sus conversaciones.
- Evitar exclamaciones que pueden provocar ansiedad a la persona tales como "¡ay!", "¡cuidado!", etc., cuando haya un peligro para ella (una puerta abierta, un obstáculo en la acera, etc.). Es preferible emplear una exclamación más informativa, como "¡alto!", con el fin de evitar que siga avanzando y explicarle después, verbalmente, el peligro o ayudarle para que pueda evitarlo.
- En general, se debe procurar verbalizar algo más en la descripción de los movimientos, pero sin que ello comporte excesivo tiempo. Posteriormente y durante la ejecución de los mismos se añadirá más información oral si es necesario. Es conveniente pactar un lenguaje común que defina y precise los movimientos corporales.
- El lenguaje debe adaptarse al conocimiento que tienen los alumnos de la realidad social, de su cuerpo y de las posibilidades de movimiento. Se debe tener en cuenta que el conocimiento de estos factores puede ser mínimo o estar alterado en algunos casos.
- El tono de voz debe utilizarse como una herramienta de motivación y sensibilización:
    - Un tono suave puede utilizarse para calmar al niño excesivamente activo o para controlar el miedo.

- Un tono animado, alegre y seguro puede servir para activar al niño excesivamente pasivo o con demasiados miedos.

- Un volumen excesivamente alto puede inhibir la acción.

Nociones de comunicación con sordos (adaptando criterios de Ríos, 2007)

Es la principal adaptación ante personas con discapacidad auditiva. Es preciso explicar que hay dos líneas de actuación por parte de las familias de las personas sordas, la primera es intentar que aprendan a leer los labios y que se integren lo más ampliamente posible en la sociedad, la segunda es aprender el lenguaje de signos y relacionarse principalmente entre personas que dominen ese lenguaje.

El sordo se encuentra fácilmente aislado entre los oyentes. Con frecuencia tiene la sensación de estar marginado. Se debe tener esto presente y ayudarle a participar de las cosas que le rodean.

Debe quedar claro que un sordo que lleva prótesis no es como en oyente. Si hay implantes cocleares cuanto antes se hayan hecho mejor calidad auditiva tendrá la persona sorda, la comprensión y expresión de un lenguaje es una tarea ardua, los sonidos adyacentes, puertas que se cierran, gente que pasa cerca, le dificulta mucho el acceso a la información.

Para permitirles seguir una conversación conviene ubicarles bien. Ejemplos: "mañana", "el trabajo", "vuestro salario", "vuestros hijos", "las vacaciones", etc.). Con frecuencia al sordo le falta vocabulario, al hablar enlazamos una palabra con la siguiente sin hacer pausas como en el lenguaje escrito, si el nivel de vocabulario no es alto no reconocerán las palabras y no podrán entender de qué se habla.

Si se trabaja con sordos que usan el lenguaje de signos es bueno formarse en el lenguaje de signos para relacionarse mejor con ellos, para que se distingan mejor las manos interesa usar camisetas o prendas de color negro que contrasten con las manos. Un sordo que use lenguaje de signos difícilmente sigue una conversación de grupo sin intérprete.

Criterios de un orador delante de una persona sorda

- En un curso, una conferencia o similar se debe cuidar que el sordo esté bien situado.
- En clase, el niño sordo o con alguna dificultad auditiva, debe estar situado en la primera fila.
- No hablarle sin que se le pueda mirar, puede ser necesario llamar su atención con una seña.
- Si se dirige a un niño es bueno situar la cara a la altura de la cara del niño.
- La cara del orador debe estar a plena luz.
- El orador no debe llevar bigote, ni mantener un cigarrillo o una pipa en los labios, ni tampoco poner una mano delante de la boca.
- Se debe vocalizar bien, hablando despacio y sin gritar.
- Se le debe hacer partícipe de lo que ocurre a su alrededor.
- Se deben usar frases cortas, correctas y simples.
- Se ha de evitar un lenguaje rudimentario o en argot.
- Si es necesario repetir lo que se ha dicho, no ir a una tercera vez, buscar otra palabra o darle otra forma a la frase.
- Si es necesario, ayudar la comunicación con un gesto, una palabra escrita o una imagen.

5.2.1. Adaptaciones en el diseño de actividades físicas

Las adaptaciones son los aspectos a tener en cuenta a la hora de plantear cualquier actividad o juego con un grupo específico o con un grupo que tenga alguna o varias personas discapacitadas. Entendemos como diseño el elegir qué hacer (contenidos), con qué recursos y de qué forma (metodología).

5.2.1.1. Para discapacitados físicos

Selección de contenidos:

- *El tono muscular.* Se debe ayudar a normalizarlo, especial atención a toda la musculatura de la espalda (la natación adaptada es lo más sencillo). Un buen balance muscular combina ejercicios compensatorios de fuerza y estiramientos/movilidad articular. El ejercicio estrella es el "aquarunning" con brazos de braza, nos colocamos un "churro" entre las piernas y avanzamos en el agua "corriendo" y con brazos de braza. La movilidad articular también se trabaja muy bien en el agua.
- *Control postural.* La ausencia o falta de funcionamiento de un miembro altera la postura, por lo que debe trabajarse según la persona. El yoga, el "método Graham" trabajan la autopercepción, también es importante el control de la respiración que se hace en estas disciplinas.
- *Coordinación dinámica general.* Algo sencillo como mover el brazo hacia delante puede ser difícil para un afectado por ACV, siempre se recomienda mover primero el lado sano, luego el afectado, pues se entiende el cerebro "aprende" a dirigir la segunda orden mejor.
- *El esquema corporal.* Éste incluye lateralidad, relajación, respiración y equilibrio. Se produce un exceso de tono en los miembros ahora motrices, como los brazos de los que van en silla de ruedas, importa en esos miembros saber combinar relajación y respiración para estirar (como se hace en yoga).
- *La autonomía personal.* Es un factor principal en cualquier discapacidad, debe trabajarse como rutina, variando la dificultad. Ejemplos serían vestirse, desvestirse, vestir a otro, ponerse disfraces, etc.
- *Tareas en equipo.* Bien sea deportes o actividades de cooperación. Es interesante la interacción social que se produce y el hecho de estar más pendiente de los demás que de uno mismo.

- *Juegos.* Los cuales desarrollen aspectos distintos a la velocidad o competitividad, tales como atención, observación, memoria, expresividad, creatividad, comunicación verbal, etc. En algunos casos presentan un exceso de ansiedad al competir, que debemos controlar.

Adecuar los recursos (acondicionar espacios y seleccionar material):

- Delimitar el espacio, para trabajar con márgenes de seguridad y evitar golpes.
- Alternar el trabajo en interior con el trabajo en exterior, ideal cerca de parques infantiles para hacer más agradable la sesión.
- Utilizar música agradable de apoyo. Entorno agradable, pintura de las paredes de tono pastel y también mucho orden en la presentación de materiales.
- Terreno liso para favorecer los desplazamientos y llano para facilitar los arranques.
- Se pueden pintar en el suelo refugios ("casas") para poder descansar en los juegos de persecución.
- Materiales blandos para los que tienen problemas de prensión, por ejemplo mejor una pelota de espuma que de plástico rígido para lanzarla.
- Utilizar sillas o andadores para los que tienen problemas de equilibrio o de desviaciones de espalda en juegos estáticos.
- Usar sistemas de facilitación de la comunicación como pizarra o tablero silábico en personas que no hablen bien (por ejemplo con paralíticos cerebrales).
- Cubrir el reposapiés de la silla de ruedas con espuma para evitar daños por choques.
- Utilizar protecciones como rodilleras o coderas en los que se desequilibran.
- Utilizar flotadores, fantasmas, churros, cinturones de flotabilidad o lo que haga falta para que puedan disfrutar del agua.

Orientaciones metodológicas:

- Estimular y potenciar la realización de cualquier tipo de movimientos.
- Empezar por el brazo o la pierna hábil y luego por la extremidad delicada para dar tiempo al cerebro a interiorizar el movimientos, por ejemplo en personas que hayan sufrido un accidente cerebro vascular (ACV).
- Si trabajamos en agua debemos alternar el trabajo en piscina profunda con el trabajo en piscina poco profunda y los desplazamientos en agua (incluida la natación) con el trabajo más estático.
- Mejorar los aspectos en los que se encuentren más atrasados.
- Modificar los reglamentos para facilitarles el éxito, por ejemplo puede puntuar un punto tocar el tablero con la pelota de baloncesto, dos tocar el aro y tres encestar.
- En juegos de persecución se le pueden dar vidas o el poder de dar su vida tocando a otro.
- Se debe ser prudente con los choques entre sillas de ruedas o muletas.
- En una clase de integración se puede reducir la movilidad del resto del grupo.
- También se pueden añadir habilidades al resto del grupo más complicadas para equiparar.
- Es recomendable trabajar con grupos reducidos para una mejor integración.
- No es importante que los equipos sean homogéneos para dar igualdad de oportunidades de conseguir victorias, pues lo importante no debe ser ganar, sino jugar. Lo más sencillo es no anotar las puntuaciones y dejar jugar, solo modificar si el juego no funciona, pero idealmente para una próxima vez. La filosofía es que todo el que participa gana.
- Se debe conseguir la colaboración del resto de compañeros para la integración del discapacitado.

5.2.1.2. Para discapacidad psíquica

Selección de contenidos:

- *Marcha y carrera.* Solo dar una caminata ya es un buen ejercicio, también es bonito plantear senderos en zonas de entorno natural agradable. Debemos observar si apoyan bien los pies, para recomendar visita al podólogo por si son necesarias plantillas.
- *Tono muscular.* Ayudar a normalizarlo, especial atención a toda la musculatura de la espalda (de nuevo la natación adaptada es lo más sencillo). Tienen más problemas de falta de tono que de flexibilidad, un síndrome de Down es muy flexible, aunque dependerá de la persona, además el trabajo de fuerza les refuerza la autoestima.
- *Control postural.* Tienden a tener hombros caídos y barriga que se les debe corregir.
- *Coordinación dinámica general y coordinación visomotriz.* Tienen problemas en atrapar objetos, no debemos trabajar pases con balón medicinal, pero sí con palas e impactando volantes o pelotas.
- *Esquema corporal*: equilibrio, respiración, relajación y lateralidad. Habrá casos de falta de afirmación de la lateralidad, por retraso psicomotor, de nuevo interesante el trabajo con implementos.
- *Motricidad fina.* Trabajar las manualidades: pintar, escribir, talleres de pulseras, macramé, pintar sal, hacer puzles, plastilina, trabajo con globos alargados para hacer figuras, con chinchetas de plástico...
- Hacer *juegos de autoconocimiento* del cuerpo y el entorno.
- *Expresión corporal*, ritmo, bailes. Tienen que sentir su cuerpo como valioso, como bello. Al principio actividades de imitación del monitor tipo aeróbic o "latino", estructuras adaptadas al nivel.
- *Expresión gráfica y expresión verbal*, terminar la sesión dibujando lo que se ha hecho o con preguntas, animándoles a expresarse.

Adecuar los recursos (acondicionar espacios y seleccionar material):

- Suelo blando (pvc, parquet), su falta de coordinación produce más caídas.
- Buena acústica en la instalación que permita seguir mejor las instrucciones.
- Utilizar colores de las paredes de tonos claros o pastel para suavizar su posible agresividad.
- Entrada a la instalación por puerta grande e iluminada.
- Utilizar pocos objetos a la vez para no crear dispersión en la atención, se retiran los no elegidos.
- Objetos grandes, lentos y manipulables. Disminuir el tamaño del objeto cuando tengan más práctica.
- Utilizar la música como apoyo, especialmente con Síndrome de Down para desarrollar el ritmo y la motricidad.
- Apoyarse también en la poesía.

Orientaciones metodológicas:

- Pueden necesitar más tiempo para percibir o entender lo que tienen que hacer.
- Pueden necesitar más tiempo para decidir, para encontrar soluciones en una tarea de resolución de problemas. No forzarles a tomar decisiones.
- Pueden necesitar más tiempo para ejecutar la tarea solicitada.
- Elegir juegos sencillos, con poca necesidad de concentración, con sistemas de puntuación sencillos y duración menor pues se fatigan fácilmente.
- No hacer habilidades difíciles como volteos (sobre todo en Síndrome de Down).
- No deben asumir roles de liderazgo. No imponerles el papel de líder.
- Ser muy progresivo en el desarrollo de las habilidades.
- Apoyarse en un compañero-tutor en las primeras edades o en severos y profundos, individualizar más con ellos por sus limitaciones.

- Crear juegos estimulantes, que permitan el movimiento.
- Dejar experimentar y manipular con los objetos, para que se familiaricen.
- Apoyarse en la imitación.
- Fomentar la comunicación.

5.2.1.3. Para discapacidad visual

Selección de contenidos:

- Desarrollo de la orientación, educar el oído, las percepciones kinestésicas y táctiles. Deben dominar su espacio próximo. Por ejemplo en el espacio exterior identificar los ruidos del entorno: vía del tren, parque, patio de colegio, sonido del bote de balón en diferentes partes del suelo, etc.
- Imagen corporal. Deben visualizar la postura que adoptan y su control mediante trabajos de reconocimiento tanto estático como dinámico.
- Las caídas y los choques. Deben perder el miedo a caer y a chocar con otra persona. Por este motivo el judo es un deporte muy indicado para ellos.
- Esquema corporal: respiración, relajación, equilibrio y lateralidad. Conservar el equilibrio en distintas posiciones y superficies, pasar de equilibrio estático a dinámico, modificar la base de sustentación, desplazar el centro de gravedad, mover segmentos sin desplazar el cuerpo.
- Desarrollo de la capacidad de percibir la cercanía de obstáculos.
- Desarrollo del ritmo. Percibir ritmos vitales, establecer secuencias de acciones, reproducir estructuras rítmicas (tipo aerobic).
- Tareas simples. Vestirse, desvestirse, vestir a un compañero, identificar ropas, calcular tamaños. Transportar objetos, montarlos, desmontarlos.
- Contenidos propios del contacto de la naturaleza. Les proporciona una valiosa sensación de libertad. P.e. senderos, vela, bicicleta en tándem o esquí.

Adecuar los recursos (acondicionar espacios y seleccionar material):

- Suelo. Que haya distintas texturas, por ejemplo parquet más pintura. También en las paredes, puede haber distintas rugosidades conforme al alejarse de la entrada. Terreno liso mejor y sin escalones o rampas. También existe suelo térmico, aplicable en el judo para ciegos, que les orienta sobre en qué zona están.
- Mantener cerradas ventanas, puertas y cajones de mesas.
- Poner música si sólo viene de un punto ayuda a orientarse en relación a la música (un solo altavoz o punto de audio).
- Utilizar referencias visuales. Se pueden usar focos de luz portátiles, o encender los de determinadas zonas del pabellón. Son útiles para los que tengan restos visuales y ayudan también a orientarse.
- Adaptar el nivel de luz según la discapacidad. Normalmente necesitarán una muy buena iluminación.
- Utilizar referencias táctiles. Líneas con rugosidad o relieve, por ejemplo usar cuerda de tendedero y taparla con cinta americana de 5 cm.
- Para los que tienen un resto de visión indicarles los colores de las paredes, del material y donde están los focos de luz y las ventanas.
- Familiarizarlos con el material previamente.
- Utilizar materiales sonoros, no sólo pelotas con cascabeles, matasuegras, picas que hacen ruido, aros con arena en su interior, cascabeles en la red de baloncesto o de balonmano, peluches que suenan, etc.
- Evitar materiales con aristas, pues pueden fomentar desconfianza.
- Utilizar colores que sean llamativos o que contrasten (pistacho, fucsia) en los distintos materiales, como por ejemplo en los petos.
- En juegos de precisión, colocar una cinta de fuerte color en la diana. También se pueden usar cascabeles encima de la diana con poleas. Un ejemplo sería el tiro con arco.

- Utilizar el color de la camiseta en juegos de persecución.
- Balones grandes para aumentar el dominio.
- Balones blandos y de tacto agradable para facilitar la aceptación.
- Utilizar cuerdas de acompañamiento en espacios grandes. También picas de madera de 1m. para hacer senderos.
- En el trabajo de sensibilización es preferible usar antifaces hechos con cartulinas y gomas que trapos o telas que pueden transmitir conjuntivitis.

Orientaciones metodológicas:

- Se pueden utilizar refugios en juegos de atrape según el grado de afectación, ya que no todos los discapacitados visuales son totalmente ciegos.
- Permitir la técnica de protección (tocar con una mano el entorno y con la otra extendida hacia delante a la altura del pecho). En pases una mano delante de la cara y la otra debajo para recibir haciendo "pinza".
- Permitir el uso del bastón.
- Permitir llamadas a la localización con voz o palmadas.
- Golpear el material para ayudar a orientarse.
- Permitir ir de la mano o cuerda de un compañero.
- Sistemas de puntuación que motiven (1 punto si toca el balón el tablero, 2 si da en el aro y 3 si encesta).
- Las prohibiciones específicas han de ir enfocadas a facilitar al discapacitado (por ejemplo obligar a pasar el balón al ciego antes de tirar a portería).
- Igualar la diferencia con los demás, complicando los desplazamientos de los otros.
- El compañero indica con la voz si hay que subir, bajar, agacharse, etc.
- El monitor debe servir de punto de referencia con su voz ("estoy en el centro", "en la parte derecha").
- No dar excesiva información para que también exploren con cuidado.

- Mantener el orden a su alrededor y que no exista peligro de caídas.
- Si conocen previamente la sala, hay que advertirles de cualquier modificación.

5.2.1.4. Para discapacidad auditiva

Selección de contenidos:

Los apartados a modificar son menos, ya que es una discapacidad que no limita demasiado en la actividad física. Por lo general, no hay retraso en la capacidad física, así que no hay que realizar adaptaciones en este sentido.

- Es importante utilizar la *fuerza* porque da seguridad en uno mismo, especialmente en el adolescente.
- Si hay problemas del laberinto del oído, podría haber problemas en *la marcha* o *equilibrio*, por lo cual en las primeras edades habría que evitar desplazamientos difíciles o equilibrios complicados.
- *Relajación dinámica*, control del tono postural. Suelen ir encorvados y a veces arrastran los pies. Va a ser importante trabajarles los cambios de peso y los cambios de tono muscular. Variación de posturas, trabajo en parejas y por grupos (acrosport básico).
- *Coordinación*. De nuevo nos gusta la coordinación óculo-manual y óculo-pie, el balonmano es deporte con rango de sordolímpico, como lo es el fútbol, es importante aprendan a captar cosas del entorno y los juegos de dispersión y de múltiples estímulos visuales les convienen. También bádminton y tenis, por su concentración en el golpeo.
- *Equilibrio, caída*, habituación a la altura, desplazamientos con balanceo, regulaciones y ajustes corporales que permitan mantener poses complejas. Trabajar mayoritariamente con los ojos cerrados.
- *Tareas cooperativas* donde no sea tan importante la comunicación verbal.

- *Expresión corporal*, expresar sentimientos, mensajes, pasar de la imitación al uso del movimiento como instrumento de comunicación.
- *Ritmo*, percepción táctil de ritmos. Interpretar cadencias simbólicas. Noción de sucesos temporalizados. Una forma sencilla es poner altavoces encima de un suelo de madera y pedir que se descalcen.

Adecuar los recursos (acondicionar espacios y seleccionar material):

- Usar cartulinas de distintos colores que signifiquen cosas distintas, por ejemplo: verde para indicar que el profesor va a explicar un juego nuevo; amarillo para indicar que se van a hacer correcciones o introducir alguna variante y rojo para indicar que el juego ha terminado.
- También se usan pañuelos, pueden tirarse al aire o dejarse caer.
- En deportes de equipo hay que utilizar más estímulos para captar la información y, que éstos no sean auditivos, sino visuales. Ayudarse de juegos de luces, focos que cambian de color o que simplemente se apagan y encienden.
- Ayudarse de pizarras, cartas, letreros y cualquier medio que facilite la comunicación.
- Utilizar sonidos fuertes en caso de resto auditivo.
- Uso de nuevas tecnologías: vídeos, ordenadores, cámaras de fotos y de vídeo. La reproducción en vídeo de una acción deportiva en la que acabarán de participar tras breves segundos sería interesante para ellos como feedback de alta calidad (Carreras, 2011).

Orientaciones metodológicas:

- Va a ser importante empezar a estimular de forma precoz.
- Es bueno que no haya muchos ejercicios pues se pierde mucho tiempo en las explicaciones.

- No conviene hacer muchos cambios de organización de grupos o espacios, por ejemplo si hacemos ejercicios con parejas no pasar a hacer grupos de 3, sino de 4.
- Es importante que todos conozcan los gestos arbitrales pues se facilita el intercambio de información en un partido.
- Conviene exagerar la expresión corporal, pues ayuda a transmitir información.
- El animador debe mostrar gran motivación hacia este grupo, sino se desentienden.
- Es importante evitar tiempos muertos y de espera.
- Es importante crear hábitos de actividad física en lugares y medios diversos para aumentar su motivación.

5.2.1.5. Para discapacidad funcional:

Insuficiencia renal:

Al trabajar con alguien con este problema habría que tener cuidado en plantear actividades sencillas que no pusieran en peligro los catéteres o fístulas que llevan en su cuerpo.

Los juegos no deberían tener demasiado componente motor, sino más bien mental.

Hemofilia:

No se aconsejan actividades muy dinámicas por el riesgo de traumatismos, que podrían desembocar en una herida. Deben estar bajo supervisión de personal sanitario.

Diabetes:

El trabajo debe ser de baja intensidad (50 % del Índice Cardíaco Máximo), evitando también trabajar a altas temperaturas. El trabajo principal debe ser aeróbico.

Deben llevar fuentes de hidratos de carbono (chocolatinas, barritas, frutos secos, etc.) para tomárselas en caso de hipoglucemia. No deben estar durante excesivo tiempo sin comer.

Se deben conocer los síntomas de hipoglucemia: mareos, cansancio, pérdida de visión, pérdida de fuerza en la piernas, eventual pérdida de conocimiento..., y saber actuar en consecuencia: tumbarle, abrigarle y darle algo que tenga azúcar hasta que venga un médico.

Conviene asegurarse de que la persona se conoce y se controla la glucemia.

6. ORGANIZACIÓN DE LA ACTIVIDAD FÍSICA ADAPTADA

El deporte en la persona discapacitada tiene su origen en el ejercicio terapéutico y se desarrolla junto con la rehabilitación física. Nace de la necesidad de motivar al lesionado para el ejercicio que precisaba su recuperación. Poco a poco se va desligando de este sentido terapéutico y se convierte en una actividad recreativa y de competición.

La creación de modalidades institucionalizadas (deportes), con categoría para discapacitados, viene motivada por la diferencia que existe con el deporte "normalizado". Por sus especiales características, la persona discapacitada necesita ver adaptadas las condiciones de la práctica deportiva, por lo que surge la "actividad física adaptada". Este término es muy amplio pues supone adaptar la actividad física al colectivo al que vaya dirigido sea o no de discapacitados (ver la introducción).

Existen muchas modalidades más o menos regladas y más o menos populares y siguen apareciendo nuevas, el avance de la tecnología y las ganas de probar cosas nuevas traerá más modalidades.

Existen muchas formas de agrupar las distintas posibilidades de movimiento del deportista discapacitado, aquí se ha optado por agrupar los deportes de competición entre los que tienen rango paralímpico y en segundo grupo hablar de "otras modalidades" algunas más institucionalizadas que otras, haciendo hincapié en las más practicadas en nuestro país y apuntando también actividades desde el punto de vista recreativo.

6.1. Modalidades con rango paralímpico

Cada federación tiene sus deportes y reglamentos propios aunque la especialidad coincida.

Deportes paralímpicos de los juegos de verano

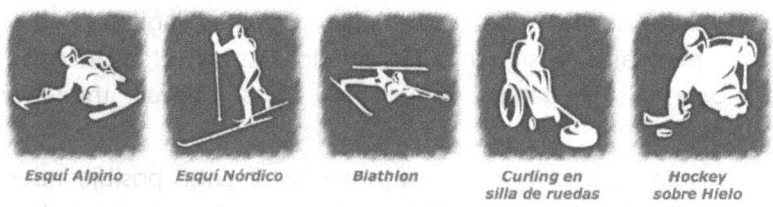

Deportes paralímpicos de los juegos de invierno

Atletismo

Es el deporte rey de los Juegos Paralímpicos. Es el deporte más emblemático y en él compiten todo tipo de discapacitados, siendo el deporte que más pruebas y competidores tiene ya que los competidores con discapacidad física están subdivididos a su vez en clases, separándose en las categorías de cada federación (IWAS, CP-ISRA y LA) y no compitiendo de forma unificada como se hace en natación (ya explicado anteriormente). También tienen categorías propias la discapacidad psíquica, la visual y la auditiva (fuera de paralimpiadas, al igual que los deficientes psíquicos graves).

Las pruebas de Atletismo incluyen todas las pruebas olímpicas exceptuando las pruebas de vallas, obstáculos, lanzamiento de martillo y salto de pértiga. Se diferencian en clases T (para pruebas de carrera en pista, *track* en inglés) y F (para pruebas de "campo", *field* en inglés, esto es saltos, lanzamientos y combinadas, pentatlón). El pentatlón lo componen 5 pruebas, 2 carreras (100 m. y 1500 m.), el salto de longitud y dos lanzamientos (disco y jabalina).

Hay muchas clases, T11, T12 y T13 serían pruebas de carreras para ciegos, T40 es la categoría para los enanos, Oscar Pistorius, atleta referente paralímpico y ya olímpico en Londres 2012, con doble amputación por debajo de las rodillas tiene categoría T43, pero compite con los T44 (amputación de una sola pierna por debajo de la rodilla).

A nivel de observación se distinguen los que van en silla de ruedas de los que pueden desplazarse sin silla. Existen pruebas en silla de ruedas, hay atletas que corren, saltan o lanzan con sus prótesis, llegado a este punto es importante la tecnología, la calidad de la silla y la calidad de la prótesis, aspectos que empiezan a generar controversia.

Los ciegos totales (B1) y los B2 compiten junto a su guía, con sus brazos unidos mediante una cuerda, utilizan dos calles, el guía lleva un peto que le distingue, no puede adelantar al ciego, también se permite dar instrucciones verbales para orientar la carrera de un salto o la dirección de un lanzamiento. En los relevos, se permite que sean los guías quienes intercambien el testigo en los T11. En un relevo de 4 discapacitados visuales por lo menos debe haber un T11 y un T12. Los T13 compiten sin guía.

El resto de los discapacitados que no precisan ayudas técnicas participan con total normalidad en prácticamente las mismas pruebas del programa olímpico.

Las competiciones en pista incluyen: 100 m., 200 m., 400 m., 800 m., 1.500 m., 5.000 m. y 10.000 m. y también los 4x100 y 4x400 relevos. Las pruebas de campo son: lanzamientos de peso, disco y jabalina, saltos de altura, longitud y triple salto (solo hombres) y pentatlón.

El colofón del atletismo es el maratón donde todos los participantes salen a la vez y luego son clasificados según su discapacidad.

Baloncesto

El más conocido es el **baloncesto en silla de ruedas**, paralímpico desde la primera edición de los juegos en Roma 1960, que fue promovido tras la segunda guerra mundial por amputados de guerra.

Lo primero es practicar el manejo de la silla, ayudándose de otras disciplinas como el slalom o el atletismo, y desarrollando de esa forma las cualidades físicas básicas necesarias para poder realizar un correcto juego. Una vez conseguido ese dominio del desplazamiento se pasará a desarrollar los fundamentos de técnica individual, muy similares a los del baloncesto de pie, con la salvedad de no poder impulsarnos con las piernas. No pueden participar aquellos deportistas que puedan correr, saltar o pivotar.

A veces conviene anclarse los pies o las piernas con una cinta para dominar un poco mejor la silla.

La técnica colectiva sufre alguna variación debido al mayor espacio ocupado por las sillas, lo que aumentará el número de bloqueos y pantallas, por lo que estos elementos tácticos deben entrenarse bien.

Con respecto al reglamento de la FIBA las diferencias fundamentales son:
- Se aumenta el tiempo de permanencia en la zona de 3 a 5 segundos.
- Serán indicados pasos cuando el jugador impulse 3 o más veces la silla con el balón en su regazo.

- No se puede tocar el suelo con nada más que las ruedas de la silla.
- Las nalgas deben estar en contacto con la silla en los lanzamientos.
- La silla (cojín incluido) no podrá superar los 63 cm. de altura.
- No se pitan pies, sino "ruedas".
- Se puede defender evitando trayectorias, pero debe evitarse el contacto.

El equipo se compondrá de 5 jugadores, y se les otorgará a cada uno una puntuación de entre 0,5 a 4,5 en función de su clase y su funcionalidad no pudiendo exceder el total de puntos del equipo en juego el número de 14 (14,5 en España), es decir, no se admite el juego de únicamente los de puntuación alta.

Clase 1: no tienen equilibrio favorable cuando están sentados en silla de ruedas sin soporte en la espalda. No pueden mover el tronco en ningún plano sin la ayuda por lo menos de un brazo.

Clase 2: tienen equilibrio sentados. Son capaces de mover el tronco en el plano horizontal cuando están sentados erguidos sin apoyo en la espalda.

Clase 3: sentados poseen un equilibrio óptimo. Cogidos de la silla, pueden hacer movimientos en el plano horizontal y en el sagital.

Clase 4: óptimo equilibrio y movimientos en todos los planos a cargo del tronco.

A baloncesto con normas FIBA también juegan los discapacitados intelectuales, aunque debe recordarse lo que aconteció en Sydney 2000, donde deportistas no discapacitados (también españoles) compitieron como discapacitados intelectuales. Se expulsó a CP-ISRA del IPC durante dos juegos paralímpicos (Salt Lake City 2002 y Atenas 2004, sólo exhibición en 4 deportes), en Pekín y Londres ya han vuelto a competir con el programa completo.

Biatlón

Deporte paralímpico de invierno desde Innsbruck 1988. Es un deporte combinado entre esquí nórdico y tiro. Deben cubrirse un desplazamiento de 7,5 km., en tramos de 2,5 km. Entre dichos tramos se debe disparar a 2 dianas sitas a 10 m. de distancia, los fallos en el tiro se cuentan como tiempo extra. Es difícil combinar el cansancio con la puntería.

Boccia

Es un deporte originario de la Grecia Clásica, recuperado en los años 70 por los países nórdicos con el fin de adaptarlo a las personas con discapacidades. Llegó a España en 1988 para personas con parálisis cerebral. Desde entonces ha tenido un gran desarrollo en nuestro país, reflejado no sólo por el número de licencias deportivas existentes en la actualidad, sino también por los resultados alcanzados por la Selección Nacional en el ámbito internacional, situando a España como una de las primeras potencias en este deporte.

Es un juego de precisión y de estrategia, con sus propias reglas recogidas en un Reglamento Internacional. Es similar a la petanca y en él únicamente participan personas en silla de ruedas con graves afectaciones por parálisis cerebral y otras minusvalías físicas severas. Las categorías las marca el grado de discapacidad y los más afectados utilizan una canaleta, sobre la que su auxiliar deposita la bola una vez escogida la dirección por el deportista.

Existen pruebas individuales, por parejas y de equipos, siendo un deporte mixto en el que los hombres y las mujeres compiten entre sí.

Bolas de Boccia: Un juego de bolas de boccia está compuesto por 6 bolas rojas, 6 bolas azules y 1 bola blanca o bola diana. Las medidas serán de 270 mm. de circunferencia y 275 gr. de peso.

La Pista: La superficie debe ser llana y lisa como el suelo de un gimnasio. El terreno de juego mide 12'5 m. x 6 m. y el suelo preferentemente es de madera o sintético, materiales habituales en los polideportivos.

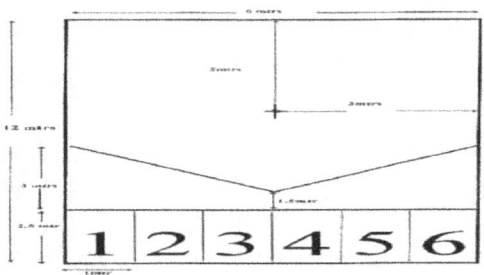

Campo de boccia

El área de lanzamiento se divide en 6 boxes de lanzamiento desde donde el jugador deberá lanzar sin que ninguna parte de su cuerpo o de la silla pise en las líneas que lo delimitan.

Se puntúa contando las bolas del mismo color que quedan más cerca del boliche, por ejemplo si hay dos bolas azules y luego una roja se cuenta (2-0). Se hacen 4 tandas y se suman los puntos, si hay empate se juega una tanda de desempate.

Ciclismo

Amputados, paralíticos cerebrales, lesionados medulares y discapacitados visuales son los colectivos de discapacitados que participan, cada uno con sus peculiaridades en las pruebas de ciclismo de los Juegos Paralímpicos.

Los discapacitados visuales participan en competiciones de ciclismo en tándem, con un piloto vidente delante y el discapacitado visual detrás. Existen pruebas masculinas y femeninas tanto en velódromo como en ruta. Los pilotos del tándem de ciegos son los únicos deportistas no discapacitados que tienen la oportunidad de ganar medallas en los Juegos Paralímpicos de Verano.

Los deportistas amputados, compiten en pruebas tanto en carretera como en pista.

Los deportistas con parálisis cerebral compiten en pruebas de bicicleta en carretera y pista (CP4 y CP3) y los severamente afectados en pruebas con triciclo en carretera (CP2 y CP1).

Las pruebas que se contemplan tanto en pista como en carretera, de amputados y paralíticos cerebrales pueden ser masculinas y femeninas.

Últimamente se ha incluido el triciclo de manos ("handcycling"), adquiriendo categoría de modalidad en los Juegos de Londres 2012 para personas afectadas de lesión medular tanto en su categoría masculina como femenina, en esta modalidad no hay pruebas en velódromo.

Hay pruebas en carretera y pruebas en velódromo.

En carretera hay distancias largas (entre 100 y 135 km.) para hombres y distancias más cortas (entre 50 y 70 km.) para mujeres, se emplean circuitos cerrados de entre 7 y 10 km. También hay distancias intermedias en categoría mixta. También existen carreras contrarreloj, individuales o por equipos de tres tándems para los hombres y que cubren distancias apropiadas para cada categoría.

Existen también competiciones en velódromo, donde se realizan pruebas clásicas de la U.C.I. (Unión Ciclista Internacional): 1 km. contrarreloj, 3000 y 4000 m. persecución individual, y sprint por equipos de 3 ciclistas cada uno durante 3 vueltas.

Curling

Especie de petanca sobre hielo muy popular en los países nórdicos, incorporado al programa paralímpico desde Toronto 2006. Es para personas que necesiten de una silla de ruedas en su actividad diaria, incluidos los paralíticos cerebrales. Se pinta la pista sobre una superficie de hielo, el cual debe mantenerse a una temperatura de -6º C.

Hay equipos de 4 jugadores cada uno pudiendo jugar juntos hombres y mujeres. Se requieren 8 discos de granito de alrededor de 20 kg. de distintos colores. Cada jugador lanza 2 piedras, habiendo también medios facilitadores como en la boccia, es importante la labor de "barrido" del hielo para ajustar la velocidad de la piedra. Se puntúa como en el boccia, valiendo más puntos las más cercanas a la diana central.

Esgrima en silla de ruedas

Es la única modalidad regulada directamente por IWAS, uno de los deportes desarrollado por Guttman en el Hospital de Stoke Mandeville, Aylesbury, Inglaterra, lugar embrionario del deporte adaptado como veremos más adelante.

Las sillas están ancladas al suelo imposibilitando los desplazamientos de la silla adelante y atrás, es combate directo. El ángulo de la silla respecto al adversario es de 110°.

Compiten amputados, lesionados medulares y paralíticos cerebrales, clasificados en 3 categorías A, B y C. La C es la de peor equilibrio sentado.

En cuanto a modalidades hay florete y espada para hombres y mujeres, y sable solo para hombres.

En ningún momento pueden incorporarse de la silla para adquirir ventaja alguna.

Los petos están conectados a un sistema eléctrico que contabiliza los tocados.

En rondas clasificatorias gana el que consiga 5 contactos en un máximo de 4 minutos, en eliminatorias directas deben conseguirse 15 contactos en 3 tandas de 3 minutos, y en competición por equipos hay rondas de 3 minutos de duración.

Esquí alpino

Los primeros juegos de invierno se celebraron en Örnsköldsvik (Suecia) en 1976 con pruebas de slalom y de gigante, luego se incluirían el descenso (1984, Innsbruck, Austria), el supergigante en 1994 en Lillehammer (Noruega) y la supercombinada (una manga de slalom y una de descenso) en Turín (Italia, 2006).

Inicialmente lo practicaban ciegos y amputados, pero la aparición de la silla-esquí, con un ski (mono-ski) o 2 (bi-ski) permitirán competir a los lesionados medulares y amputados en ambas piernas. Estas variantes empiezan a partir de Nagano (Japón, 1998).

Los ciegos compiten acompañados de guías, que les dirigen por la pista, también reciben medalla; los deportistas con amputación de una de las piernas utilizan un esquí individual, muletas para esquiar (*estabilos*) o prótesis ortopédicas; los competidores con amputación de ambas piernas o con parálisis cerebral utilizan una silla esquí; los que tienen amputaciones en los miembros superiores compiten sin bastones.

Como cualquier otra actividad al aire libre proporciona una sensación de libertad importante en el desarrollo psicológico de cualquier discapacitado.

La sensación de deslizarse es reconocida como capaz de liberar endorfinas y proporcionar placer, al igual que patinar o navegar a vela. Se desarrolla el equilibrio, la agilidad y la capacidad de caerse.

La sensación de velocidad es especialmente grata en los ciegos y el trabajo de equilibrio es especialmente importante en los sordos.

Esquí nórdico

Hay clases para deambulantes y clases para los que van normalmente sentados en silla de ruedas, se hace una valoración funcional en base a la técnica empleada y al tiempo empleado en un recorrido.

Existen pruebas hombres y mujeres en distancias cortas, medias y largas, de 2,5 a 20 km. Hay también una prueba de relevos.

Fútbol 7

El programa oficial de los Juegos Paralímpicos contempla esta modalidad desde 1984. Es practicado por jugadores paralíticos cerebrales con una afectación media o leve, de la gama de ambulantes (clases de la 5 a la 8), pero por lo menos uno deber de clase 5 o 6, sino en lugar de jugar con 7 jugarán con 6 jugadores. Actualmente sólo se juega en categoría masculina.

Se trata de una adaptación del fútbol olímpico, con las mismas reglas que las de la FIFA en su edición del 2000 a excepción de las enmiendas siguientes:

- Hay 7 jugadores de campo (en vez de 11), donde uno de ellos será el portero, permitiendo un máximo de tres sustituciones. La inscripción del equipo contará con un máximo de 12 jugadores.
- Las dimensiones del campo de juego son más pequeñas, no debe de ser mayor que 75 x 55 ni menor de 70 x 50 m.
- Las porterías son más pequeñas, de 5 x 2 m.
- No existe la regla del fuera de juego.
- Para el saque de banda, un jugador puede elegir deslizar el balón con una sola mano al terreno de juego o utilizar el modo establecido por la regla de la FIFA.
- Los partidos constan de dos periodos de 30 minutos con un descanso de 15. Las prórrogas tendrán dos periodos de 10 minutos y se aplicará la regla del "gol de oro".

Fútbol 5 para ciegos

El fútbol de ciegos, al ser practicado en espacios grandes, carecía de continuidad y de ritmo y se optó por la disciplina con las medidas de sala, que sin duda aporta más diversión y seguridad. De todos modos es preferible jugar al aire libre pues les aporta mayores referencias.

Se juega en un campo convencional de 20 x 40 m., 4 jugadores de campo más un portero vidente. El balón es sonoro y la portería mide lo mismo que una de balonmano, esto es 3 x 2 m. Se juega con antifaz para evitar trampas y lo más importante son las vallas laterales acolchadas. No solo dan más dinamismo al juego al evitar muchos fuera de banda, sino que también permiten al deportista ciego orientarse y darle seguridad. El portero no puede salir del área de penalti, que mide 5 x 2 m. Un guía detrás de la portería orienta a los jugadores. Se juega dos períodos de 25 minutos con un período de 10 minutos de descanso. El reglamento obliga al que va tras el balón a decir "VOY", de una forma clara y audible, esto permite evitar golpes. Hay acumulación de faltas personales leves o graves como en baloncesto, obligando al cambio definitivo tras la quinta falta. También hay acumulación de 3 faltas graves por equipo que suponen el tiro de un *tiro libre directo* por parte del otro equipo. El tiro libre directo es con barrera a 5 metros, vale el gol directo. Esta situación provoca numerosas jugadas de estrategia.

Aunque parezca increíble hay jugadas ensayadas y numerosos goles en cada partido. No es una actividad peligrosa, hay contactos pero similares a los de un partido de videntes. En España se juega desde 1993 y es practicado en 30 países, especialmente en Europa y Latinoamérica.

Goalball

El goalball es un deporte de equipo creado especialmente para jugadores ciegos. Se basa en el uso del sentido auditivo para detectar la trayectoria de la pelota en juego y requiere, además, una gran capacidad de orientación espacial para saber estar situado en cada momento en el lugar adecuado con el objetivo de interceptar o lanzar la pelota.

Un equipo está compuesto por 3 jugadores y dos suplentes.

La competición se desarrollará en un pabellón cubierto donde deberá reinar el máximo silencio.

El área de juego es 18 x 9 m. (igual que un campo de voleibol), siendo también importantes los espacios libres laterales y fondos que tendrán un mínimo de 6 m.

El campo estará a su vez delimitado en tres áreas para cada equipo de 9 x 3 m.

1 Área de equipo A
2 Área de aterrizaje A
3 Área neutral A
3 Área neutral B
2 Área de aterrizaje B
1 Área de equipo B

Habrá otras líneas referencias laterales y frontales para facilitar la orientación de los jugadores (p.e una central perpendicular al área de porteria).

Todas las líneas del campo citadas tendrán 0.05 m de ancho y estarán marcadas visiblemente y deberán ser palpables para facilitar la orientación de los jugadores. Para marcar estas líneas serán necesarias cinta americana de 5 cm. y cuerda para colocar debajo de la cinta.

El pavimento debe de ser sintético (pvc, parquet, etc.) y no abrasivo.

El ancho de las porterías es de 9 m (todo el ancho del campo), los postes tendrán 1,30 m. de altura y serán redondos. El balón mide en su circunferencia 76 cm. con cascabeles dentro, aparenta ser un balón de voleibol "duro". Los jugadores llevan antifaz y ropa de portero de fútbol, con rodilleras y coderas.

Un partido dura 14 minutos divididos en dos períodos de 7 minutos, con 3 minutos de descanso. Si se termina en empate, se jugará una prórroga, se juegan dos tiempos de 3 minutos, si no se desempata habrá penaltis.

Hay varios tipos de infracciones tanto personales como de equipo, las más destacadas son:

- No rasear la pelota, la pelota debe tocar una vez al menos dentro del área neutral.
- No vale tocarse el antifaz.
- Se debe esperar a la autorización del árbitro para lanzar el balón.
- El mismo jugador solo puede lanzar 2 veces seguidas.
- Si la pelota se queda en zona neutral se devuelve al equipo que la lanzó.
- Ninguna persona del banquillo está autorizada a dar instrucciones con el balón en juego.
- Sólo hay ocho segundos para lanzar.
- En posición defensiva debe tocarse con alguna parte del cuerpo el área de equipo.

Halterofilia

Para hombres en los Juegos de verano desde 1992, para mujeres desde Sydney 2000. Consiste en realizar un *press de banca*.

Compiten en él paralíticos cerebral, amputados, lesionados medulares y "los otros". No se permite participar a los que tengan alterado algún brazo por el riesgo de lesión. Existen 10 categorías para hombres y mujeres en función del peso corporal. Participan 2 asistentes y hay 3 intentos para levantar el peso.

Desde el punto de vista terapéutico-recreativo el desarrollo de la fuerza ayuda a mejorar la autoestima, importante en discapacitados psíquicos. Es necesario trabajar bajo la supervisión adecuada intentando no descompensar zonas corporales.

Hípica

Nació como deporte terapéutico para convertirse en deporte paralímpico en 1996 en Atlanta. Lo practican discapacitados físicos que normalmente van en silla (grados 1 y 2) como deambulantes (grado 3 y 4). A los discapacitados visuales se les reservan los grados 3 (B1) y 4 (B2 y B3).

La modalidad practicada es la doma clásica, donde los jinetes van acompañados de un guía que les enseña la ruta. Existe un programa fijo y uno libre (con música), con las acciones ecuestres de andar, trote y medio trote.

Los jinetes de grados 1 y 2 solo efectúan movimientos de andar y trote, mientras los de grado 3 y 4 efectúan movimientos de medio galope y laterales.

Hockey Hielo

Paralímpico desde Lillehammer 1994. Se practica en trineo siendo a la vez útil el stick (juegan con 2) para impulsar el trineo como para golpear el *tee*. El trineo permite que el tee pase por debajo. Juegan 5 más el portero.

Judo

Compiten los ciegos de pie siguiendo el reglamento de la Federación Internacional de Judo con una serie de características:

- Los judokas se posicionan en el centro del tatami con la ayuda de los jueces.
- El juez principal da una palmada, se acercan, se agarran y comienza el combate.
- No se penaliza la salida de la superficie reglamentaria.
- Los combates duran 5 minutos, pero suena una señal a un minuto y medio del final del combate.
- Todos compiten sin antifaz.
- Hay varias clasificaciones en función del peso, siendo distinto para hombres y para mujeres.

Natación

Ya explicada como ejemplo de valoración funcional aplicada a un deporte (página 23).

Remo

Es la última modalidad que se ha incorporado al programa paralímpico, a partir de Pekín 2008. Hay una gran adaptación del material. La competición se realiza en regatas de 1000 metros.

Existen 4 clases para competir, de 4 tripulantes con afectación de tronco, brazos y piernas (pueden ser mixtos), de 2 con afectación de piernas (pueden ser mixtos) y de 1 tripulante (mujer y hombre).

La principal adaptación es el asiento que está diseñado para aumentar al máximo la estabilidad de la embarcación. También pueden ser necesarias las fijaciones al asiento. Otra adaptación es el *pontón*, soporte lateral típico de los hidroaviones que da gran estabilidad lateral.

Rugby

El rugby en silla de ruedas o "quad rugby" es un deporte abierto a tetrapléjicos, tanto hombres como mujeres, siendo un deporte exclusivo de los Juegos Paralímpicos.

Se trata de una disciplina que combina elementos del baloncesto, rugby y hockey y que se juega en una cancha de baloncesto. Se trata de progresar con un balón hasta superar la línea de fondo del adversario.

Los equipos están formados por cuatro jugadores y puede haber otros cuatro reservas. A los jugadores se les asigna una puntuación médica de entre 0,5 y 3,5 en función de su grado de discapacidad, siendo los números menores los correspondientes a las minusvalías más severas. Los cuatro jugadores en cancha no pueden sobrepasar los 8 puntos.

Tenis en silla de ruedas

Nacido en Estados Unidos en los años 70 y forma parte del programa olímpico desde Barcelona 92.

Requiere un gran dominio de la silla de ruedas, así como del manejo de la raqueta para imprimir potencia a sus golpes y la necesaria precisión. La diferencia principal con el tenis normalizado es que la pelota puede botar dos veces antes de ser golpeada, al igual que en otras modalidades está prohibido levantar las nalgas del asiento Eso sí el primer golpe debe ser dentro de la pista, aunque el segundo vaya fuera.

Existen 2 categorías, la *quad* donde el deportista tiene afectadas 3 extremidades y la *open* donde el único requerimiento es tener una pérdida sustancial o total de una o más extremidades.

Tenis de mesa

Está en los juegos paralímpicos desde el principio, luego se han incluido nuevas categorías. El colectivo de parálisis cerebral se incorpora en 1980. Los deportistas discapacitados físicos se agrupan en 10 clases (de TT1 a TT10), 5 para los que van en silla de ruedas y 5 para los que deambulan, corresponden los de TT1 a mayor afectación y los de TT10 a la mínima.

Hay competiciones tanto masculinas como femeninas. Un partido son cinco sets donde debe llegarse a 11 y ganar por 2 de diferencia. El cambio en el servicio se produce cada 2 servicios completados. Se permite un segundo saque si el primero sale por el lateral de la mesa.

Una curiosidad es que las patas de la mesa deben estar al menos a 40 cm. del fondo para no estorbar al jugador en silla de ruedas.

Tiro con arco

Es un deporte practicado por deportistas con discapacidad física y paralíticos cerebrales. La competición de Tiro con Arco puede ser en las modalidades de silla de ruedas y de pie, tanto en categoría masculina como femenina y en pruebas individuales y de equipo.

Los arqueros con alguna discapacidad física llegan a alcanzar niveles competitivos y de precisión muy altos. El Tiro con Arco paralímpico tiene las mismas reglas, distancias y procedimientos que las competiciones en los Juegos Olímpicos. Deben alcanzar la máxima puntuación sobre una diana con 10 círculos concéntricos. Las distancias varían desde 30 a 90 m. En las fases iniciales se tira desde cerca para luego alejarse tras ir pasando las eliminatorias.

Tiro olímpico

Incluido en los juegos paralímpicos desde Toronto 1976. Las categorías de competidores están basadas en la presencia o no de soporte para apoyar el rifle o la pistola de aire comprimido.

Se dispara a 3 distancias: 10, 25 y 50 metros. Las dianas son también 10 círculos concéntricos. En toda competición hay una calificación y una ronda final dónde se suman las puntuaciones de las dos fases.

Vela

Empezó a practicarse en los 80 y entro en los juegos olímpicos en Sydney 2000. Se realizan adaptaciones en la embarcación, en timón, en asientos como en el remo y en la vela como recortar la botavara para suavizar la velocidad. Interesante para desarrollar la agilidad en contacto con la naturaleza. Participan todos los discapacitados físicos y los visuales. Todo tripulante se le clasifica de 1 a 7. Hay clase sonar (3 tripulantes, máximo 14 puntos, skud-18 (2 tripulantes, 1 chica) e individual (mínima discapacidad).

Voleibol sentado

Viene de Alemania, es paralímpico desde 1980, existía también la modalidad de pie, pero perdió protagonismo y ahora sólo se juega sentado.

En la modalidad de sentado hay varios aspectos destacados del reglamento:
- El campo mide 10 m. de largo por 6 m. de ancho.
- La red se coloca a 1.15 m para los hombres y a 1.05 para las mujeres.
- Solo podrá haber dos atletas con minusvalía mínima por equipo, son elegibles también los de parálisis cerebral.
- Los desplazamientos deben hacerse arrastrándose por el suelo, está prohibido levantar las nalgas del suelo, especialmente para rematar.
- La línea de zagueros está a 2 m de la red.
- Se permite el saque "empujado".

Deporte	Físicos	Psíquicos	Visuales
Atletismo	X	X	X
Baloncesto	En silla de ruedas	X	
Biatlón (*)	X		
Boccia	Solo PC		
Ciclismo	X	X	X
Curling (*)	En silla de ruedas		
Esgrima	En silla de ruedas		
Esquí alpino (*)	X		X
Esquí nórdico (*)	X	X	X
Fútbol	Solo PC fútbol 7	Fútbol 7	Fútbol 5
Goalball			X
Halterofilia	X		
Hípica	X		X
Hockey hielo (*)	En trineo		
Judo			X

Deporte	Físicos	Psíquicos	Visuales
Natación	X	X	X
Remo	X		
Rugby	En silla de ruedas		
Tenis	En silla de ruedas	X	
Tenis de mesa	De pie, en silla y PC	X	
Tiro con arco	De pie, en silla y PC		
Tiro olímpico	X		
Vela	También PC		X
Voleibol sentado	También PC		

Tabla de deportes paralímpicos, verano e invierno (*) según discapacidad

Falta detallar ahora las competiciones de los discapacitados auditivos y de los discapacitados intelectuales graves, ambas organizaciones ICSD y Special Olympics tiene autorización del Comité Olímpico Internacional para emplear el término olímpico en sus competiciones.

DEPORTE	IPC	S.O.	ICSD	DEPORTE	IPC	S.O.	ICSD
Atletismo	X	X	X	Judo	X		
Bádminton		X	X	Lucha			X
Baloncesto	X	X	X	Natación	X	X	X
Balonmano		X	X	Orientación			X
Biathlón	X			Patinaje artístico		X	
Boccia	X	X		Patinaje en línea		X	
Bolos		X	X	Patinaje velocidad		X	
Ciclismo	X	X	X	Raquetas		X	
Curling	X			Remo	X		
Esgrima	X			Rugby	X		
Esquí alpino	X	X	X	Snowboard		X	X
Esquí nórdico	X	X	X	Softball		X	
Fútbol	X	X	X	Tenis	X	X	X

DEPORTE	IPC	S.O.	ICSD	DEPORTE	IPC	S.O.	ICSD
Goalball	X			Tenis de mesa	X	X	X
Gimnasia		X		Tiro con arco	X		
Golf		X		Tiro olímpico	X		X
Halterofilia	X	X		Voleibol	X	X	X
Hípica	X	X		Waterpolo			X
Hockey		X		Vela	X	X	
Hockey hielo	X	X	X				

Cuadro comparativo de modalidades deportivas incluidas en Juegos Paralímpicos, Special Olympics y Sordolimpiadas
(tomado de Sanz y Reina 2012)

6.2. Otras modalidades/actividades

Bádminton

Hay distintas modalidades, en silla de ruedas, de pie y sentados en el suelo. Al igual que en otras disciplinas hay una valoración funcional. Hay categoría individual, dobles y dobles mixtos. Se ajustan las zonas válidas de la pista según la discapacidad. Es una actividad interesante pues es más fácil tener continuidad en el juego.

Bandy (hockey)

Se puede jugar entre personas con silla y sin silla simultáneamente, mejor *sticks* y pastillas de plástico para evitar lesiones. Las adaptaciones en los agarres o en la forma de desplazamiento deberán tenerse en cuenta.

Balonmano sentados

Es una actividad característica de cursos de formación para sensibilizar a los participantes. Se juega a lo ancho de un campo de balonmano, usando como área una línea recta a 4 o 5 m. El portero también juega sentado, una variante es permitir desplazarse corriendo pero recibir sentado.

Billar

Puede ser practicado perfectamente en silla de ruedas. En algunos casos precisará adaptaciones de la altura de la mesa o en el agarre de los tacos. Se juega al billar americano o "snooker" de seis agujeros para encajar las bolas.

Bowling

Se trata de dar con una bola grande a la mayor cantidad de objetos. Hay que modificar el agarre, si el jugador no puede meter los dedos en la bola.

Para que lo practiquen invidentes se deberá de colocar un carril que seguirán con la mano que no tenga la bola grande. Interesa se usen colores llamativos en la bola y en los bolos.

Carreras de orientación

A desarrollar en sitios de fácil acceso para las sillas de ruedas, ayudas para la marcha, etc. Posibilitan la realización de actividades en equipo.

Danza

El baile es muy practicado y apreciado por los discapacitados, debido a que facilita la integración social. El dominio de la movilidad de la silla, buscando la expresión del cuerpo de forma acompasada a cualquier música puede alcanzar un alto nivel artístico. Un ejemplo sería el vals, tanto individual como en parejas, con un individuo en pie y otro en silla.

Disco volador

Lo primero es el dominio del móvil, pero luego puede jugarse como deporte de equipo ("ultimate"). Es adecuado por su carácter recreativo y el desarrollo de la capacidad de percibir distancias

Escalada

Cada vez es más frecuente ver a distintos discapacitados intentando vías de dos largos o desarrollar fuerza y equilibrio en rocódromos adaptados. Aparte de interesar las pendientes naturales más suaves, una forma de adaptación del rocódromo es que tenga poleas que permitan regular la inclinación. No es recomendada para autistas, ya que pueden empezar bien y bloquearse a mitad de camino.

Hidroterapia

Trabajar en el agua es la actividad estrella de cualquier discapacidad. Lo primero a tener en cuenta es la profundidad de la piscina, siendo conveniente según la discapacidad trabajar en una piscina donde se haga pie. La temperatura también es importante, los afectados de parálisis cerebral necesitan de mayor temperatura. Se puede andar, propulsar, hacer equilibrios, estiramientos, el ejercicio estrella es el "aquarunning", esto es colocarse un churro entre las piernas y avanzar cómo si corriéramos o fuéramos en bicicleta.

Indiaca

Parecida adaptación a la del bádminton, al ser un objeto más grande es más fácil de golpear. Puede también practicarse sentados en el suelo y por equipos.

Kayac

El descenso por ríos es una actividad muy interesante, los ciegos van delante pues el kayac debe dirigirse desde atrás.

Paddle en silla de ruedas

Es más fácil que jugar al tenis y va ganando adeptos, se permiten también dos botes antes de impactar la pelota.

Paseos a caballo

Se convierte en terapia habitual (equinoterapia) para autistas, cuando están encima del caballo aumentan su capacidad de atención a lo externo y responden a determinados estímulos.

Paseos en bicicleta

Existen ya bicicletas adaptadas, con un pequeño motor o con tres ruedas o incluso para aplicar fuerza con las manos, aparte de los ya conocidos tándem, que permiten disfrutar de pequeñas rutas por carriles-bici o por pistas de campo, desarrollando la resistencia y también beneficiándose del contacto con la naturaleza.

Petanca

Igual que el deporte normalizado, sólo que para practicarlo hay que eliminar las barreras arquitectónicas de los parques para poder acceder mejor.

Senderismo

Deben intentar elegirse terrenos menos abruptos como vías verdes o senderos amplios y bien señalizados según la discapacidad. En ciegos se utiliza una pica de madera de 1 m. para enlazar con el paso del guía, recientemente un adolescente ciego realizó el camino de Santiago sin ningún problema junto a sus compañeros de instituto (IES Pintor Pedro Gómez de Huelva).

Slalom o eslalon en silla

Es una prueba estandarizada de manejo de la silla de ruedas. Se trata de superar una serie de pruebas de habilidad o ingenio en el menor tiempo posible. Una opción recreativa es compaginar las pruebas con juegos de destreza de tipo cultural o de ingenio.

Tiro con arco para ciegos

Aparte de ser una disciplina para videntes puede organizarse un actividad para ciegos mediante un sistema de poleas que orienta sobre el objetivo del lanzamiento.

6.3. Organismos a nivel autonómico, nacional e internacional

A nivel autonómico (Andalucía)

Las cinco que existe son:
- Federación Andaluza de Deportes de Paralíticos Cerebrales (FADPC).
- Federación Andaluza de Deportes de Discapacitados Físicos (FADDF).
- Federación Andaluza de Deportes para Discapacitados Intelectuales (FANDI).
- Federación Andaluza de Deportes para Sordos (FADS).
- Federación Andaluza de deportes para ciegos (FADEC).

Tiene como objetivos básicos la promoción, prácticas y el desarrollo del deporte para todos sus afiliados en el ámbito de Andalucía.

Suelen organizar competiciones provinciales a partir de convenios con las diputaciones provinciales y encuentros a nivel territorial. La Federación que más destaca en cuanto a capacidad de organización de eventos es la FADEC, pues dispone de más recursos y de más tradición. En todas estas competiciones es importante la participación de voluntarios deportivos, la tendencia actual es incluir estas competiciones entre eventos de personas sin discapacidad para aumentar el sentimiento de inclusión.

A nivel nacional

Comité Paralímpico Español (C.P.E.)

El Comité Paralímpico Español se creó en 1995 y desde su constitución cuenta con la Presidencia de Honor de S.A.R. la Infanta Doña Elena. En 1998 se modificó la Ley del Deporte y se reconoció al Comité Paralímpico Español con la misma naturaleza y funciones que las del Comité Olímpico Español. Esta misma Ley, a su vez, declaró al Comité Paralímpico Español entidad de Utilidad Pública.

Desde su creación el Comité Paralímpico Español se configuró como el órgano de unión y coordinación de todo el deporte para personas con discapacidad en los ámbitos del Estado Español en estrecha colaboración con el Consejo Superior de Deportes.

Forman parte del Comité Paralímpico las cinco federaciones españolas deportivas que, en función de cada tipo de discapacidad, organizan todo el deporte de competición en nuestro país y que cuentan, en total, con más de 13.000 deportistas afiliados:

- Federación Española de Deportes de Paralíticos Cerebrales (FEDPC)
- Federación Española de Deportes de Personas con Discapacidad Física (FEDDF)
- Federación Española de Deportes para Discapacitados Intelectuales (FEDDI)
- Federación Española de Deportes para Sordos (FEDS)
- Federación Española de Deportes para Ciegos (FEDC)

Asimismo, y reflejo del apoyo institucional que recibe, en la Asamblea General del Comité Paralímpico Español están representados el Consejo Superior de Deportes, los Ministerios de

Trabajo y Asuntos Sociales y de Asuntos Exteriores y Cooperación, el Comité Olímpico Español y la Asociación Española de Periodistas e Informadores Deportivos.

Federación Española de Deportes de Personas con Discapacidad Física (F.E.D.D.F.)

Acoge exclusivamente a todas aquellas personas con discapacidades que afecten al desarrollo motriz de las personas (afectados medulares, amputados, enanos, poliomielíticos, etc.).

Federación Española de Deportes de Paralíticos Cerebrales (F.E.D.P.C.)

Esta Federación acoge a deportistas afectado con Parálisis Cerebral Infantil, así como sus afines: traumatismos craneoencefálicos, tumores, afectados en el Sistema Nervioso Central, accidentes cerebrovasculares y condiciones semejantes.

Federación Española de Deportes para Personas con Discapacidad Intelectual (F.E.D.D.I.)

Ofrece la posibilidad de practicar deporte y actividad física adaptada a las necesidades de cada deportista con discapacidad intelectual, a la vez que intenta mejorar la calidad de vida de estas personas y la de sus familias a través del deporte.

Federación Española de Deportes para Ciegos (F.E.D.C.)

En ella se recogen los deportes que tienen cabida en la actualidad dentro del ámbito de esta Federación.

Dichas disciplinas son: ajedrez, atletismo, biathlón, bolos, ciclismo en tándem, esquí alpino y nórdico, fútbol 5, goalball, hípica, judo, natación, showdown, tiro con arco, tiro olímpico, torball y vela.

Los antecedentes del Deporte para Ciegos van íntimamente ligados a la Organización Nacional de Ciegos de España (O.N.C.E.) ya que esta institución siempre ha velado por los intereses deportivos de todas las personas ciegas y deficientes visuales.

Federación Española de Deportes de Sordos (F.E.D.S.)

Apuestan claramente por los deportes de equipo. Hay dificultades en el equilibrio, la orientación espacial y la transmisión de la información. Al margen de las modalidades de las sordolimpiadas la FEDS promociona otras modalidades como: ajedrez, béisbol, billar, boxeo, fútbol-sala, golf, halterofilia, hípica, judo, pádel, piragüismo, remo, *mountain bike*, volei-playa y vela.

* Existen también Special-Olympics España y la F.E.D.E.R. (Federación Española de Enfermedades raras), que no organiza competiciones deportivas pero si encuentros para dar a conocer sus casos y actividades recreativas, normalmente al aire libre para intercambiar experiencias. A nivel deportivo suelen competir con los discapacitados físicos.

A nivel internacional

Comité Paralímpico Internacional (I.P.C.)

El Comité Paralímpico Internacional es la máxima organización deportiva mundial encargada de organizar, coordinar y supervisar el deporte de alta competición practicado por personas discapacitadas. Creado en 1989 organiza cada cuatro años los Juegos Paralímpicos, que se celebran siempre a continuación de los Juegos Olímpicos. Tiene su sede en Bonn (Alemania).

Debajo en el organigrama se encuentra la Organización Internacional del Deporte de Competencia para Atletas con discapacidad (I.O.S.D.). Donde son miembros las cinco organizaciones deportivas internaciones:

Asociación recreativa y deportiva internacional de la parálisis cerebral (C.P.I.S.R.A.)

Tienen los mismos objetivos que la federación nacional.

Federación Internacional de deportistas en silla de ruedas y amputados (I.W.A.S.)

A nivel Internacional la F.E.D.D.F. está dada de alta en la Federación Internacional de Deportes para Sillas de Ruedas y Amputados (I.W.A.S.) surgida en enero de 2004 de la fusión de la Federación Internacional de Deportes de Sillas de Ruedas de Stoke Mandeville (I.S.M.W.S.F.), pionera en la gestiones del deporte para discapacitados y que acogía tradicionalmente a los deportistas en sillas de ruedas, y la Organización Internacional de Deportes para Discapacitados (I.S.O.D.) encargada de competiciones en las que participaban amputados y "les autres" (en éste último apartado se incluyen aquellas minusvalías físicas que no sean afectados medulares y paralíticos cerebrales como amputados, enanos, etc.).

Asociación deportiva internacional para personas con discapacidades mentales (I.N.A.S.-F.I.D.)

Tienen los mismos objetivos que la federación nacional.

Comité Internacional de Deporte Silencioso (I.C.S.D.)

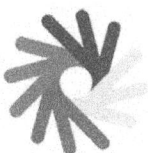

Es el encargado de organizar y reglamentar las competiciones de deportistas Sordos.

Asociación Internacional de Deportes para ciegos (I.B.S.A.)

La FEDC compite bajo la reglamentación de la Federación Internacional de Deportes para Ciegos (I.B.S.A.) y, en el caso de Ajedrez, bajo la normativa de la Asociación Internacional de Ajedrez para Ciegos (I.B.C.A.).

6.4 Tramitación de documentación específica.

Lo primero es el reconocimiento del grado de discapacidad, después según el caso la valoración funcional dentro de la federación en la cual se quiera competir, por último han de seguirse los mismos pasos que cualquier otro deportista debiendo obtener su licencia la cual tendrá una validez anual.

Los deportistas paralímpicos más destacados tienen acceso al ADOP, programa de ayuda al deportista paralímpico, donde varias empresas realizan una labor de patrocinio asociada a una modalidad deportiva determinada.

7. NORMALIZACIÓN, INTEGRACIÓN E INCLUSIÓN

7.1. Terminología

Son términos que están relacionados e indican los objetivos a conseguir que son el de normalizar, integrar e incluir. Son aparentemente sinónimos, pues todos buscan lo mismo, se van reforzando y engrandeciendo en el sentido estricto, buscan favorecer a la persona discapacitada en su marcha individual y social dentro de la sociedad en que vivimos.

Si "normalizar" significa poner en orden algo que no lo guarda ya sea en los diferentes terrenos (personal, familiar, estudio, trabajo, ocio, etc.), "integrar" se refiere sobre todo al método que se ha de emplear, las formas que se han de seguir etc. y así hablamos de la integración escolar y/o laboral.

"Incluir" es un vocablo más moderno que le da un matiz de calidad a "integrar" (1994, Conferencia Mundial sobre Necesidades Especiales de Salamanca). Incluir significa participar con igualdad, sin haber una 2ª opción. A nivel arquitectónico se ha considerado un paso para la integración el construir una rampa, pero manteniendo la escalera, pero cumpliendo los principios de la inclusión solo habría una rampa que valdría para todos.

Normalización y su aspecto histórico reciente

El concepto de normalización aparece por primera vez en Dinamarca en 1959. Bank-Mikkelsen, director del Servicio Danés para la deficiencia Mental, defiende que este colectivo debe de llevar una existencia lo más próxima posible al colectivo considerado "normal". Ciertamente el colectivo de discapacidad mental precisa de referencias en su vida próxima de la máxima normalidad, ambientes familiares estructurados, horarios estrictos de trabajo, sueño y comida.

En 1969 los suecos Nirje y Perrín desarrollan el principio de normalización, que para ellos supone hacer accesible a las personas con discapacidad las pautas y condiciones de la vida cotidiana tan semejantes como sea posible a las normas y pautas del resto de las personas de la sociedad.

En 1989 Perrín amplia este concepto diciendo que para conseguir la normalización se debe disponer de todos los métodos, servicios y apoyos sociales generales y específicos que las personas con minusvalía precisan.

En 1975, en Canadá, Wolfensberger retocará la definición dándole una formulación más didáctica:

"Normalización es la utilización de medios culturalmente normativos (familiares, técnicas valoradas, instrumentos, métodos, etc.) para permitir que las condiciones de vida de una persona (ingresos, vivienda, servicios de salud, etc.) sean al menos tan buenas como las de un ciudadano medio, y mejorar o apoyar en la mayor medida posible su conducta (habilidades, competencias, etc.), estatus y reputación (etiquetas, actitudes, etc.)".

Así pues el principio de normalización ha ido *evolucionando*:

- No sólo se aplica a las personas con retraso mental, sino a todo el colectivo que tenga discapacidad.
- Se deben contemplar conjuntamente los medios y los resultados (Wolfensberger).
- Debe haber unos principios rectores dirigidos a todo el sistema de vida, no sólo al sistema educativo.
- Debe hacerse todo esto con ideas de calidad para todos, no dos vías distintas, sino una única que valga para todos.

Este principio va a estar presente en todas las normativas posteriores, pues se inspira en los derechos de conquista de los derechos humanos y sociales del colectivo de discapacitados, siendo las más actuales las "Normas Uniformes para la igualdad de oportunidades para las personas con discapacidad" (ONU, 1996).

Integración y su aspecto histórico reciente

En 1978 en el Reino Unido aparece un documento conocido como el "informe Warnock". Este informe sigue las ideas de la normalización, defendiendo la integración en el ámbito escolar. Se parte de una idea muy simple, la de que "todos los niños tienen derecho a asistir a la escuela ordinaria de su localidad, sin posible exclusión". Además afirma que las personas con deficiencias precisan de una necesidad especial de educación y que esa necesidad debe ser atendida dentro del sistema ordinario.

En España se desarrolla el Plan nacional de Educación Especial (1978), que se concretará a nivel educativo en la LOGSE (1990), mediante los decretos sobre necesidades educativas especiales.

El principio de integración rebasará la función escolar y se verá extendido en otras parcelas, o sea, se comenzará a hablar de integración social y de integración laboral. La integración quedará entendida como la incorporación por derecho propio a un grupo para formar parte de él. Según sea el grupo de referencia puede ser el de alumnos de la misma edad, los trabajadores del mismo sector productivo o el grupo social con que se relaciona el sujeto.

El punto de partida legal en España lo marca la Ley 13/1982 de Integración de los Minusválidos.

Después de la normativa van apareciendo programas específicos (sociales y educativos). Posteriormente y poco a poco se va pasando de los centros específicos (ahora solamente para discapacitados severos) a la incorporación con mayor naturalidad a los programas oficiales con diferentes grados de apoyo.

Inclusión en el ámbito deportivo

En cuanto al fenómeno del *deporte* la integración también es reciente. Actualmente se estudian fórmulas de inclusión deportiva para que el mundo del deporte del discapacitado no sea un mundo segregado. El caso de Oscar Pistorius (un corredor de 400 m. sudafricano que consigue tiempos tan buenos como los de personas no discapacitadas) ha hecho que se replanteen las estructuras deportivas buscando formatos de inclusión. De momento ha participado en los Juegos Olímpicos de Londres llegando a la final olímpica con Sudáfrica donde quedaron en último lugar, pero ha habido y habrá muchas contradicciones jurídicas a nivel de organismos deportivos sobre este hecho.

A nivel de clases de actividad física la forma más sencilla de "incluir" es igualar las condiciones para todos, por ejemplo, vendarnos todos los ojos y jugar al goalball, pero también habrá que buscar otras fórmulas y actividades. Un ejemplo de ellas es realizar un sendero con una persona ciega donde su acompañante le guía con una pica de madera y el ciego participa como uno más.

La *normalización-integración-inclusión* constituye un derecho reconocido en las diferentes constituciones de los países democráticos y así mismo en la carta de Derechos Humanos de la O.N.U. El derecho básico es la igualdad de oportunidades.

Y terminaremos insistiendo en el concepto-mandato más importante de todos que es el de la *discriminación positiva*. La única forma de tratar con igualdad a los desfavorecidos es favorecerlos.

7.2. Evolución histórica del deporte adaptado

Dejando atrás las distintas épocas históricas con una creencia mayor o menor de la incidencia de la actividad física sobre la salud, debemos arrancar desde la primera vez que se usa el término "deporte adaptado", fue en 1780, Joseph Clement Tissot, relacionando el deporte con conocimientos anatómicos, pero es en el siglo XX y después de la guerras mundiales cuando empieza a desarrollarse.

Tras la Primera Guerra quedan grupos de ciegos y amputados que organizarán en Alemania actividades recreativas con carácter complementario a la estancia en el hospital. Tras la Segunda Guerra y habiendo mejorado mucho los tratamientos a los lesionados medulares tras el descubrimiento de los antibióticos se planteó la atención a los discapacitados como un tema de justicia nacional y se planearon programas de rehabilitación y de reinserción social, dentro de esa reinserción el deporte podía ser importante. Aparece en este momento la figura de Sir Ludwig Guttman, padre del deporte adaptado, director del Hospital Stoke Mandeville para lesionados medulares, sito en la villa inglesa de Aylesbury. Organiza deportes como el polo en silla de ruedas, para luego dar forma a los primeros juegos para parapléjicos en 1948, en los que compiten 23 hombres y 3 mujeres en tiro con arco en silla de ruedas. En 1952 la competición toma carácter internacional, pues vienen deportistas holandeses y se amplían los deportes (petanca, tenis de mesa, tiro, lanzamiento de jabalina y lanzamiento de *club*, el club es un tipo de palo). La idea se va ampliando y se llega a 1960 en Roma donde se celebran los primeros juegos paralímpicos, en julio y tras los juegos olímpicos. El nombre de paralímpicos viene de estos originales juegos para parapléjicos.

En este punto, citando a DePaw y Gavron, 2005, debemos decir que es el colectivo de sordos el que primero organiza unos juegos de relevancia. En 1924 en Paris se organiza los Primeros Juegos Mundiales para sordos, llamándose posteriormente "Silent games" y luego "Deaflympics" (sordolimpiadas). No han seguido una periodicidad estricta y la próxima competición prevista es la sordolimpiada que tendrá lugar en Bulgaria en 2013, habiendo también competiciones de invierno.

España ha sido una potencia mundial en el deporte para discapacitados desde Barcelona 92, pero la división de la Unión Soviética en varios estados y la irrupción de China como gran potencia mundial ha llevado a España a un segundo plano en el medallero en los recientes Juegos de Londres 2012. La abanderada española Teresa Perales, con 22 medallas paralímpicas en su palmarés, reclama el mismo trato para los atletas olímpicos que para los atletas paralímpicos. Por su parte el Reino Unido ha dado una lección de inclusión al incorporar a sus deportistas paralímpicos en su "rua" de gloria por las calles de Londres, destacando Eleanor Simmons como deportista estrella. El éxito de público y de audiencia de estos juegos han mejorado cualquier previsión.

Tras batirse record tras record la distancia de los resultados entre unos y otros juegos se va acortando y para que lleguemos a ver modalidades de inclusión puede que no falte mucho.

Si el deporte de competición es digno de admiración por el espíritu de sacrificio de los deportistas, el nivel de entrenamiento y el afán de superación que muestran los deportistas discapacitados es tal que debería verse como un estímulo para el resto de la sociedad.

7.3. Beneficios de la actividad física en personas con discapacidad

A *nivel físico*

- Aumenta el tono muscular. También ayuda a regular el tono muscular en aquellos que lo tengan fluctuante. Para quienes lo tengan alto debido a su discapacidad debe complementarse la práctica con estiramientos y rehabilitación.
- Ayuda a conseguir un mejor equilibrio muscular y articular, compensando zonas hipotónicas y ampliando el ángulo de las articulaciones que se pueden quedar atrofiadas (pelvis, tobillo, hombros), evitando así padecer contracturas, deformidades o alteraciones funcionales.
- Contribuye a una mejor alineación de la columna, a través de un buen trabajo postural en cualquier movimiento deportivo.
- Mejora las capacidades perceptivo-motrices en relación al manejo de móviles, desplazamiento por el espacio etc. Incluidos equilibrio y coordinación.
- Mejora las habilidades y destrezas básicas. Tendrá más agilidad que podrá aplicar a sus tareas cotidianas.

A *nivel psicológico*

- Permite mejorar la capacidad de relajarse, respirar adecuadamente y concentrarse.
- Ofrece contextos adecuados donde podrá expresar las emociones.
- Obliga a afrontar retos, a tener una buena actitud ante el esfuerzo y, si se consiguen esos pequeños retos, mejorará la autoestima.
- Permite tener una mejor percepción de los límites, mejorando así el autoconcepto.

A nivel social

- Permite mejorar la capacidad de comprensión e interpretación de los mensajes que recibe.
- Obliga a comunicarse, desarrollando esa habilidad.
- Obliga a llevar a cabo procesos de relación con el entorno de la actividad.
- Permite adquirir hábitos saludables.
- Obliga a cumplir un horario y una rutina (preparar la bolsa, ducharse después de la actividad.
- Enseña a mostrar respeto a los organizadores de la actividad, a los cuidadores de la instalación, a los rivales y compañeros y a los árbitros.

8. PRÁCTICAS EN CLASE: JUEGOS INTEGRADORES Y SENSIBILIZADORES.

- Integradores: la foto, el nudo.
- Sensibilizadores físicos: balonmano sentado, voleibol sentado, jugar a fútbol por parejas cogidas de la mano y jugar a fútbol por parejas sujetas por los pies, softbol adaptado.
- Sensibilizadores psíquicos: voleibol fantasma, balongol.
- Sensibilizadores ciegos: lazarillo: por el instituto, por un sendero con una pica de madera, por el gimnasio, reconocimiento de caras. Partido de goalball.
- Sensibilizadores sordos: dar una clase de condición física y juegos con la música fuerte y sin que nadie pueda hablar. Actividades de equilibrio.

TÍTULO DEL JUEGO INTEGRADOR 8.1 La Foto	
OBJETIVOS • Desarrollo de la confianza y autonomía en uno mismo y favorecer la convivencia entre los compañeros. • Desarrollar la organización espacial. • Desarrollar la memoria visual.	
MATERIAL Ninguno	
PARTICIPANTES (nº y tipo) Todos los que queramos sin límite de edad.	**ORGANIZACIÓN** Grupos de 8 o 9.
DESARROLLO • El grupo posará para el o los fotógrafos. Deberán decidir la disposición de los miembros del grupo y recordar los detalles, posición de las manos, piernas cruzadas o no. • Se hará una foto (si es posible con una cámara digital), o simplemente se tomará como modelo de referencia cuando se queden todos quietos. • Se darán la vuelta los fotógrafos y todos cambiarán de posición y de detalles. • Al girarse de nuevo los fotógrafos deberán ir recomponiendo la foto. Al final se acabarán de corregir los detalles no observados. Incluso haciendo una nueva foto digital.	
VARIANTES Se podrá también intercambiar ropa.	
REPRESENTACIÓN GRAFICA	

ADAPTACIONES
- A un discapacitado visual se le permitirá acercarse y tocar, o incluso colocar más cerca a los de vestimenta más vistosa. Podrían también usarse petos de colores llamativos.
- A una persona con discapacidad psíquica se le dará más tiempo o no hará la tarea solo.
- A una persona con discapacidad psíquica severa puede elegirse que solo participe como miembro del grupo que es fotografiado, no como fotógrafo.

TITULO DEL JUEGO INTEGRADOR **8.2 El Nudo**

OBJETIVOS
- Desarrollo de la confianza y autonomía en uno mismo y favorecer la convivencia entre los compañeros.
- Desarrollar la organización espacial.
  Desarrollar de la percepción visual.

MATERIAL
Ninguno

PARTICIPANTES (nº y tipo)	**ORGANIZACIÓN**
Todos los que queramos sin límite de edad.	Grupos de 8 o 9.

DESARROLLO
- El grupo se cogerá de las manos y se enredará hasta una posición difícil de resolver.
- Uno se quedará fuera e intentará deshacer el nudo.
  No podrán soltarse las manos.

VARIANTES
Podrán haber más de un desenredador.

REPRESENTACION GRAFICA

EL NUDO

ADAPTACIONES
- A un discapacitado visual se le permitirá acercarse y tocar, incluso colocar más cerca a los de vestimenta más vistosa. Podrían también usarse petos de colores llamativos.
- A una persona con discapacidad psíquica se le dará más tiempo o no hará la tarea solo.
- Se puede optar con una persona con discapacidad psíquica severa que solo participe como miembro del grupo que es enredado, no como desenredador.

TITULO DEL JUEGO SENSIBILIZADOR FÍSICO **8.3 Juegos de Equipo**	
OBJETIVOS • Desarrollo de la confianza y autonomía en uno mismo y favorecer la convivencia entre los compañeros. • Desarrollar el trabajo en equipo. Desarrollar la coordinación.	
MATERIAL • Un balón de balonmano playa talla féminas (es más pequeño y más blando), • balón de voleibol de iniciación (más blando y menos dirigible), • balón de fútbol (no de futbol-sala, son más pequeños y más pesados), cuerdas, petos.	
PARTICIPANTES (nº y tipo) Todos los que queramos sin límite de edad.	**ORGANIZACIÓN** Grupos de 8 o 9. Partidos en espacio pequeño. Rotaciones cada 10-15 minutos.
DESARROLLO • Haremos grupos de trabajo y los rotaremos. • En la estación del balonmano sentados jugaremos en una campo de 20 x 13 con líneas del área de portería a 4 m de la línea de fondo, las porterías serán 2 conos a 3 m de distancia entre si. Para desplazarnos sin balón no valdrá levantarse pero sí darse la vuelta y reptar. • En la estación del voleibol sentados intentaremos hacer dos cuadrados por equipo de 6 x 6 m (total 12 x 6 m) idealmente con colchonetas de suelo tipo tatami. No habrán remates, obligaremos a que haya 3 golpeos en cada campo antes de devolver el balón. • En fútbol con los pies atados utilizaremos las cuerdas para atarnos los pies, puede haber una holgura de un palmo entre los pies de la pareja para que no haga daño. • En futbol cogidos de las manos será interesante mezclar parejas de distinta habilidad, no podrán soltarse las manos.	
VARIANTES • Podrán haber estaciones adicionales o repartir estos juegos de equipo en varias sesiones. • Otras actividades de equipo serían jugar al juego de los diez pases con un brazo amarrado al tronco o jugar a hockey pista con una mano en la cintura.	
REPRESENTACION GRAFICA 	
ADAPTACIONES • Para discapacidad visual usar petos de colores llamativos para distinguir a los equipos. • Para discapacidad física se le puede dar el rol de portero.	

TITULO DEL JUEGO SENSIBILIZADOR FÍSICO **8.4 Softbol Adaptado**	
OBJETIVOS • Desarrollo de la confianza y autonomía en uno mismo y favorecer la convivencia entre los compañeros. • Desarrollar la percepción espacial. • Desarrollar el trabajo en equipo	
MATERIAL Un bate de béisbol de madera corto, 3 conos verdes, 3 conos naranjas y 3 conos azules, una pelota de tenis	
PARTICIPANTES (nº y tipo) Alrededor de 20 jugadores, cualquiera que sea capaz de golpear un bate o de desplazarse con rapidez con o sin silla de ruedas	**ORGANIZACIÓN** 2 Grupos de 10 o similar.
DESARROLLO • Primero se sortea qué grupo batea y qué grupo recibe. • Hay 2 circuitos posibles que terminan en el "home plate" (cono azul que marca zona de inicio), uno para los más hábiles (verdes) y otro para los menos hábiles (naranjas), a la hora de batear habrá un orden de bateo que alternará los niveles de capacidad. • El que batea debe conseguir una base de su color antes de que el equipo receptor lleve la pelota de tenis a la base "pichi" (cono azul), en el centro del campo de carrera. • Al igual que en el softbol el pasador de la pelota de tenis será del mismo equipo que batea, no pudiéndose quejar si hay un mal pase, habrá 3 intentos de bateo, se pasará desde una distancia prudente indicada con el tercer cono azul • Se cambiará el equipo de bateo al eliminar a 3 bateadores. • No habrá "eliminados" y todas las carreras valen por igual, se respetará el orden de bateo aunque se haya eliminado a un jugador en la misma ronda. • Se jugará a tiempo, contándose las carreras que suma cada equipo para determinar al vencedor.	
VARIANTES • Que uno golpee y otro corra por él • Utilizar una pelota de fútbol y darle con el pie en vez de batear (tipo *kickball* adaptado.	
REPRESENTACIÓN GRAFICA 	
ADAPTACIONES • Pelota de color llamativo si hay discapacitados visuales. • Podremos permitir el uso de guantes de béisbol para facilitar el coger la bola en el aire, especialmente para quienes tengan dificultades en las manos. • Se podrá jugar batear o correr en silla de ruedas o con muletas, estos últimos pueden elegir que alguien corra por ellos.	

TITULO DEL JUEGO SENSIBILIZADOR PSÍQUICO 8.5 Voleibol Fantasma
OBJETIVOS • Aumentar la confianza, perder el miedo a lo desconocido. • Favorecer el trabajo en equipo. • Reaccionar ante distintos estímulos. • Desarrollar el equilibrio. • Favorecer la convivencia entre los compañeros. • Desarrollar la organización espacial. • Desarrollar de la percepción visual.
MATERIAL Una red de voleibol o una cuerda entre dos postes y unas sábanas entre medio o bien colocar colchonetas quitamiedos de pie sujetadas por bancos suecos a cada lado. 4 conos que delimiten un espacio de 16 x 8 m Pelotas de playa grandes hinchables o de voleibol de iniciación según el nivel.

PARTICIPANTES (nº y tipo)	ORGANIZACIÓN
Todos los que queramos sin límite de edad.	Grupos de 8 o 9.

DESARROLLO • Es un partido de voleibol normal sin remates, el objetivo es confiar en que vamos a poder continuar con el juego. • Intentaremos que haya 3 golpeos en cada campo antes de devolver el balón. • Se pueden jugar partidos a un único set de 15 puntos, e ir rotando los enfrentamientos. • Habrá rotaciones.
VARIANTES • Podemos dejar que la pelota de voleibol o de playa toque el suelo una vez.
REPRESENTACIÓN GRAFICA 
ADAPTACIONES • Pelota de color llamativo si hay discapacitados visuales. • Podremos pedirle a cada grupo que cuente en voz alta los toques y que verbalice cuando va a llegar la pelota al otro campo y sobre qué zona.

TÍTULO DEL JUEGO SENSIBILIZADOR PSÍQUICO **8.6 Balongol**

OBJETIVOS
- Mejorar la coordinación óculo-motriz.
- Favorecer el trabajo en equipo.
- Reaccionar ante distintos estímulos.

MATERIAL

Una pelota blanda de tamaño de voleibol, deshinchada que se pueda adaptar con la mano. Campo de balonmano o de fútbol-sala

PARTICIPANTES (nº y tipo)	**ORGANIZACIÓN**
De 6 años en adelante. Pueden jugar hasta 10 contra 10.	2 equipos. Todos pueden ser porteros.

DESARROLLO
- Se juega una especie de balonmano adaptado con normas facilitadoras.

REGLAS
- No hay fueras de banda,
- Se pueden dar más de 3 pasos pero no correr con el balón tipo rugby, vale botar
- Todos pueden defender su área dentro del área de portería y actuar como porteros.
- Se puede entrar en el área de portería rival a recoger la pelota, pero no se puede lanzar a gol desde dentro del área, para que valga el gol se debe lanzar desde fuera del área de portería.

REPRESENTACIÓN GRAFICA

ADAPTACIONES
- A los jugadores que además tengan limitación de la movilidad se les puede indicar que se queden fijos como apoyo en determinadas zonas, como los puntos de penalty o el centro del campo.
- Si hay jugadores con dificultades visuales pueden usarse petos de color llamativo para distinguir a los equipos y un balón de color llamativo.

TITULO DEL JUEGO SENSIBILIZADOR CIEGO **8.7 Lazarillo**	
OBJETIVOS • Experimentar las sensaciones de una persona ciega. • Reaccionar ante distintos estímulos. • Calcular distancias.	
MATERIAL Pañuelos de color negro para tapar los ojos	
PARTICIPANTES (nº y tipo) Un grupo clase	**ORGANIZACIÓN** Parejas
DESARROLLO • 1ª opción: hacer un recorrido por los alrededores de la instalación deportiva empleando la técnica del guía vidente • 2ª opción: realizar un sendero por una vía verde o paraje natural con la única ayuda de una pica de madera, llevando el guía la pica en la mano derecha, ésta paralela al suelo y la persona no vidente o con pañuelo sujetando la pica con la mano izquierda. • 3ª opción: realizar un recorrido corto dentro de la instalación deportiva marcado por conos, colchonetas, vallas y otros, haciendo relevos o contando tiempo.	
REGLAS • Podemos competir a ver quién alcanza antes esa distancia marcada,	
REPRESENTACIÓN GRAFICA 	
VARIANTES • Establecer varios puntos de ruido para confundir • Proponer distintos recorrido donde puedan y deban cruzar sus trayectorias, evitando colisionar.	

TÍTULO DEL JUEGO SENSIBILIZADOR CIEGO **8.8 Reconocimiento de Caras**	
OBJETIVOS • Experimentar la sensación de una persona ciega • Mejorar el tacto • Desarrollar habilidades de organización personal	
MATERIAL Pañuelos de color negro. Ropa de disfraces.	
PARTICIPANTES (nº y tipo) Grupo clase de cualquier edad	**ORGANIZACIÓN** Parejas
DESARROLLO • Se divide a la clase por la mitad, la mitad se sentará en una silla con una mesa por delante, la otra mitad con pañuelos se irá sentando enfrente de los que no tiene pañuelo y deberán reconocer sus caras. • En completo silencio	
VARIANTES • Reconocer a la gente de pie sin tocarles la cara. • Emplear ropa de disfraces	
REPRESENTACION GRAFICA 	

TÍTULO DEL JUEGO SENSIBILIZADOR SORDO **8.9 No me chilles que no te oigo**	
OBJETIVOS • Experimentar las sensaciones de una persona sorda. • Desarrollar la comunicación no verbal.	
MATERIAL El propio de una clase de educación física.	
PARTICIPANTES (nº y tipo) Un grupo clase de cualquier edad	**ORGANIZACIÓN** Grupos de 4-6 para las distintas estaciones del circuito.
DESARROLLO • Se pone música a todo volumen para que nadie oiga nada. • Se realiza una clase normal de educación física con calentamiento, circuito de habilidades y vuelta a la calma. • Nadie puede hablar	
APOYOS • Se pueden usar cartulinas de colores para marcar las rotaciones y dibujos para indicar los ejercicios.	
REPRESENTACION GRAFICA	

TITULO DEL JUEGO SENSIBILIZADOR SORDO **8.10 Actividades de Equilibrio**	
OBJETIVOS • Desarrollo de la confianza y autonomía en uno mismo y favorecer la convivencia entre los compañeros. • Reaccionar ante distintos estímulos. • Desarrollar el equilibrio	
MATERIAL Ninguno	
PARTICIPANTES (nº y tipo) Todos los que queramos con edad de 6 a 12 años.	**ORGANIZACIÓN** Parejas o trios.
DESARROLLO • **1ª opción: juego "tierra, mar y aire"** • Un grupo de 2 o 3 alumnos deben sin hablar elegir entre 3 opciones: tirarse al suelo (mar), hacer una escultura de equilibrio (tierra) o subirse a un compañero o a algún material (aire). • Los demás grupos deben imitar al grupo que dirige. Se anota el grupo que consigue imitar primero. Cuando sumen dos veces quedando primero pasan a dirigir. • **2ª opción: trabajo con bancos suecos dados la vuelta** • Caminar, hacia delante, hacia atrás, rápido, cruzarse con un compañero, girar sobre las puntas, adoptar posturas de equilibrio encima del banco, actividades de lucha, cogiéndose la mano, las dos, etc. • **3ª opción: trabajo de posturas de equilibrio de yoga** • Trabajar el árbol, la estrella, el guerrero, con distintas posiciones de brazos, combinarlo con ejercicios de respiración.	
REPRESENTACIÓN GRAFICA	

ADAPTACIONES
- En lugar de imitar puede el monitor dirigir, sacando pañuelos de distintos colores que representen tierra, mar o aire.
- Tener cartulinas con dibujos de distintas posturas de equilibrio, para marcar los cambios.

9. EJEMPLO DE UNA UNIDAD DIDÁCTICA DE UN DEPORTE ADAPTADO PARA SECUNDARIA: SOFTBOL ADAPTADO

Presentación

Aunque ya se ha explicado como juego, lo detallamos como unidad didáctica para poder sacarle un mayor rendimiento.

El softbol, versión femenina y practicada en América del béisbol, es un deporte muy popular como contenido en el currículum de la Educación Física en Estados Unidos. La diferencia principal con el béisbol es que el lanzador (o "pitcher") es en el caso del béisbol un jugador del equipo contrario, mientras que en el softbol el "lanzador" es del mismo equipo convirtiéndose en un pasador amigo, donde la pelota será puesta lo más fácilmente posible para que pueda ser golpeada.

Este juego también es muy popular en los parques y en encuentros entre familias donde se realizan diversas adaptaciones, de aquí surge la idea para presentarlo como un deporte adaptado donde las personas con cualquier discapacidad puedan participar y aportar al equipo.

Por las características de este deporte cuando se ha llevado a la práctica ha tenido mucha aceptación entre los adolescentes: es una actividad de participación individual, pero de objetivo de equipo, lo que permite conseguir objetivos individuales de superar dificultades y aceptación del propio nivel, aceptar normas..., pero también colectivos: aceptar la derrota y la victoria, aceptar el nivel de los demás, integrarse en el grupo y aceptar su rol, etc...

En este juego compiten juntos niños y niñas teniendo o no alguna discapacidad, lo que supone la consecución de objetivos de coeducación y de inclusión. En este deporte nadie se ve forzado a mermar su capacidad como en la práctica de un deporte adaptado donde todos igualan su discapacidad (por ejemplo practicar el goalball vendando los ojos a todos los participantes).

En el softbol adaptado sencillamente se parte de un principio de realismo y de discriminación positiva no siempre bien aceptado en la exposición de este tipo de juegos, es decir hay un circuito de carrera más largo para los más hábiles (normalmente los chicos, aunque puede haber alguna chica), y un circuito de carrera más corto y más fácil de conseguir para las chicas o chicos/as con alguna discapacidad o problema físico puntual).

A la hora de hacer los grupos se reparten chicos, chicas y discapacitados por sorteo y se sortea qué grupo batea y qué grupo debe preocuparse de recuperar la pelota y llevarla a la zona o punto de "pichi". En las adaptaciones reglamentarias está el éxito de la actividad, la integración de todo el grupo clase y la enorme capacidad educativa que permite.

Nivel inicial requerido

El nivel del que parten los alumnos/as es similar, al ser una especialidad deportiva apenas practicada en España salvo en juegos infantiles, no hay ningún alumno/a que conozca y practique la técnica del bateo, aunque la condición física inicial y las experiencias previas influyen en el juego.

Temporalización

La temporalización más adecuada según nuestra experiencia será en el tercer trimestre debido a las condiciones climatológicas, que propician actividades más relajadas y de menor requerimiento físico, lo cual es difícil de soportar en Andalucía cuando llega el calor. Por otra parte la desmotivación que existe a esas alturas de curso exige de actividades muy motivantes para los alumnos/as.

Relación con los Objetivos generales de la E.S.O.

b) Formarse una imagen ajustada de sí mismo, de sus características y posibilidades y actuar de forma autónoma valorando el esfuerzo y la superación de dificultades.

c) Relacionarse con otras personas e integrarse de forma participativa en actividades de grupo con actitudes solidarias y tolerantes, libres de inhibiciones y prejuicios.

Relación con los objetivos específicos

1.- Conocer y valorar su cuerpo, con el fin de contribuir a mejorar sus cualidades físicas básicas y sus posibilidades de coordinación y control motor, realizando las tareas apropiadas y haciendo un tratamiento discriminado de cada capacidad.
2. Conocer, valorar y practicar, con un nivel de autonomía propio de su desarrollo, los juegos y deportes habituales de su entorno, individuales y colectivos o de adversario, aplicando los fundamentos reglamentarios, técnicos y tácticos, en situaciones reales.
4.- Participar en actividades físicas y deportivas, estableciendo relaciones constructivas y equilibradas con los demás, independientemente del nivel de habilidad alcanzado y colaborando en la organización de aquellas.

Objetivos específicos de la unidad didáctica

- Conocer e interpretar las reglas básicas del softbol.
- Utilizar la táctica para mejorar la efectividad en el Juego.
- Desarrollar las capacidades físicas básicas de velocidad (de reacción, gestual y desplazamiento).
- Mejorar las posibilidades de coordinación óculo-manual y espacio-temporal y la orientación espacial a través de lanzamientos, golpeos y volteos.
- Integrar las habilidades básicas (lanzamiento, golpeo, recepción, carrera) en el softbol.
- Planificar calentamientos específicos adecuados al softbol.

- Participar en actividades deportivas y adaptar sus capacidades a las exigencias del juego, valorando el esfuerzo y aceptando tanto la victoria como la derrota.
- Aceptar las reglas del softbol y ser capaz de proponer modificaciones.
- Fomentar la integración de los alumnos/as con cualquier tipo de discapacidad.
- Aceptar el propio nivel y el de los compañeros/as, sobre todo si son del sexo opuesto.

Contenidos

- Conocimiento de las reglas básicas del softbol.
- Identificación de factores tácticos que inciden en la efectividad del juego.
- Práctica de elementos técnicos: pase, lanzamiento, bateo, recepción en parada y en movimiento.
- Planificación de calentamientos específicos adecuados al softbol.
- Utilización de estrategias de percepción, decisión y ejecución adaptadas al softbol.
- Aceptación del propio nivel de habilidad como paso hacia la superación personal.
- Disposición favorable hacia el aprendizaje de nuevas habilidades y destrezas.
- Capacidad de integración social y respeto a la libertad y a las normas establecidas.
- Comprometerse a colaborar en la erradicación de situaciones de agresividad, violencia o desprecio a los demás.

Actividades de enseñanza-aprendizaje

- Calentamiento específico de softbol.
- Explicación de reglas de juego y práctica de modificaciones propuestas por los alumnos/as.
- Familiarización con los elementos técnicos del juego: bateo especialmente y lanzamiento de la pelota.
- Actividades de percepción y orientación espacial.

- Juegos de persecuciones y velocidad de reacción.
- Juego real.

Criterios de evaluación

- Realizar de manera autónoma actividades de calentamiento de carácter específico.
- Ajustar progresivamente la propia ejecución en función del resultado anterior.
- Incrementar las capacidades físicas básicas a través del softbol.
- Conocer las propias capacidades y las posibilidades de mejora.
- Colaborar con los compañeros/as para la obtención de un objetivo común.

Metodología

- Estrategia: global y global con polarización de la atención en aspectos tácticos.
- Estilos: intercalar la asignación de tareas con la resolución de problemas en algunas tareas.
- Realizar parejas y grupos mixtos.
- Se debe prestar especial atención a los aspectos de seguridad, estableciendo un área alrededor del alumno/a que batea de 5 m. mínimo, evitando que ningún alumno/a se ubique a la izquierda del bateador o a la derecha si es zurdo.
- En esta línea de seguridad se colocará una cuerda rodeando el mando del bate con un nudo de ahorcado y será obligatorio que el alumno/a haga pasar su muñeca por dentro de esta cuerda. Esto impedirá que el participante libere de forma impredecible y peligrosa el bate después de batear.
- Se obligará a batear con dos manos con sanción de "media" si no se hace.
- Se permite correr con el bate en la mano hasta la primera base, también se puede liberar la mano y dejarlo caer en el suelo.

- Se permite pasarse de frenada en la consecución de las bases para no forzar gestos de frenada que pudieran dañar los ligamentos cruzados de los participantes.
- Se utilizará el feedback positivo y neutro para motivar a los alumnos/as, animándoles cuando no atinen a batear.
- Se repartirán los equipos en función del nivel de los alumnos/as y se intercalará un jugador/a hábil y rápido para batear y correr con otro jugador menos hábil para batear y/o correr, en el segundo grupo entrarán chicos/as con movilidad reducida.
- Se adaptará el campo para el grupo con menor movilidad o con alguna limitación física para golpear disminuyendo ligeramente la distancia de las bases, creándose 2 circuitos posibles, habrá pues una primera, segunda y tercera base para el subgrupo A y otra para el subgrupo B, que batearán de forma intercalada.
- El lanzador será del equipo del bateador, para que no se queje de los lanzamientos. Si falla 3 bateos seguidos quedará "eliminado", si roza la pelota o la envía fuera de la zona de golpeo cuenta medio fallo. También se elimina si no llega a tiempo a las bases. A los 3 eliminados o al "aire" se cambian los equipos receptor por bateador.
- Coger una pelota en el aire cuenta un eliminado, en grupos de menor edad coger la pelota en el aire puede ser una variante que "elimine" (obligue a rotar equipo bateador y recibidor) a todo el equipo rival.
- Los eliminados definitivos no existen, es decir, uno que haya fallado tres bateos o no llegue a una base no queda descalificado, sencillamente debe esperar su turno para volver a batear, puesto que el orden de bateo se mantiene siempre, puesto que es una manera de contar para cambiar.
- Tampoco hay vidas ni hace falta salvar a nadie, cuando tres jugadores se "eliminan" se rotan equipo bateador y equipo recibidor.
- No hay tiempo de juego, en general, en una hora de clase se juega perfectamente, se cuentan las carreras realizadas y se termina con el timbre. En un partido de verdad se juega al

mejor de 9 "innings", es decir se cuentan las carreras después de que los dos equipos hayan bateado 9 veces.

Actividades de evaluación

- Contenidos conceptuales (30%): Realizar un trabajo en grupos de 4 donde tendrán que responder a unas preguntas sobre aspectos reglamentarios, sociales. Las preguntas no serán iguales para todos los grupos. Tipos de preguntas:

    1.- Averigua las diferencias entre béisbol y softball.
    2.- Dibuja un campo de béisbol con todas sus líneas.
    3.- Averigua donde se puede jugar a béisbol en Andalucía (clubes).
    4.- Averigua los resultados de la última olimpiada en béisbol.
    5.- Averigua un país que no sea Estados Unidos donde sea un juego muy popular.
    6.- Averigua quién ganó las últimas "world series" en Estados Unidos.
    7.- Redacta las reglas del softbol tal como se juegan en clase.
    8.- Averigua cual es el estadio más grande donde se puede jugar a béisbol.
    9.- Averigua qué es el "kickball"
    10.- Averigua el último campeón de la liga de béisbol en España.

- Contenidos procedimentales (40%):
Actas del partido. Valoración:
    o 40% deben ser capaces de batear un mínimo del 50% de las veces que bateen.
    o 30% Carreras: 0,5 por cada carrera completa hasta un máximo de 3.
    o 20% Aires: 0,2 cada uno hasta un máximo de 2.
    o 10% que el equipo gane.

Acta de softbol

Equipo A	Ronda de bateo	Coge aire	Hace carrera	Equipo B	Ronda de bateo	Coge aire	Hace carrera

- Contenidos actitudinales: Lista de control

		Siempre	A veces	Nunca
1	Muestra disposición favorable e interés por la práctica			
2	Acepta su nivel y las críticas de los compañeros/as			
3	Acepta las reglas del juego			
4	Es respetuoso con los compañeros que tienen un nivel inferior al suyo			
5	Colabora en aspectos organizativos de la clase: formación de equipos, material...			

Atención a la diversidad

Actividades de refuerzo: la mayor dificultad que tienen los alumno/as con el softbol es que no realizan bien el movimiento de bateo o no perciben bien la pelota, y por tanto, o bien no le dan a la pelota o le dan demasiado flojo y les eliminan por no alcanzar la base. Para ello, se realizará paralelamente al juego, mientras su equipo batea, unas prácticas utilizando una pelota de espuma que es más lenta y repitiendo el movimiento de bateo.

El softbol no requiere actividades de refuerzo, ya que los propios alumnos/as se emplean con mayor ímpetu, y se proponen cada día coger más aires, batear más lejos y hacer más carreras y "home-runs" (enviar la bola a un punto inalcanzable).

Alumnos/as con necesidades educativas especiales

El softbol no supone problema para asmáticos, diabéticos y escolióticos, ya que los esfuerzos son muy breves, aunque intensos.

Un alumno con parálisis en un brazo puede participar perfectamente, bateando con el bueno y recogiendo la pelota ayudado de un guante de béisbol.

Para alumnos/as en silla de ruedas o muletas o con problemas temporales que incapaciten para la bipedestación podrán participar bateando siendo otro el que corra por ellos, el cual lo hará por el circuito más corto. También pueden participar del equipo recibidor limitando sus desplazamientos.

Un alumno/a que no pudiera batear por alguna limitación pero pudiera correr, solo correría, bateando alguien por él.

Los alumnos con alguna discapacidad psíquica o con alguna limitación física como obesidad o falta de coordinación se les permitirá correr por el circuito más corto.

Los alumnos indispuestos o que no hayan venido con ropa deportiva ejercerán de árbitros para ayudar al profesor/a en las decisiones del juego. Otro forma de participar y, si su indisposición o lesión lo permite, ejercer de lanzador-pasador "amigo" para los dos equipos.

Diseño del campo

El campo de juego ideal serían dos pistas de balonmano/fútbol-sala puestas una al lado de la otra, es decir un campo de juego de 40x40 metros y golpeando desde un vértice el recorrido largo serían 4 recorridos de 20 m, terminando en el punto de golpeo o "home plate". El recorrido corto sería a 18 m, y si los alumnos son de 4º de ESO o bachillerato se puede ampliar el recorrido largo a 22, 23 metros.

Hay un punto a 8 metros ("pichi") del bateador desde donde el pasador "amigo" pone la pelota (normalmente una pelota de tenis) tierna para su fácil golpeo.

Hay otro punto a 11 metros del bateador (normalmente un cono), a dónde el equipo recibidor debe hacer llegar la pelota una vez golpeada.

Es bueno que haya márgenes fuera del campo para ir a buscar la pelota.

Desarrollo del juego

Se hace un sorteo y un equipo empieza a batear y el otro se va al campo a recibir, se asigna un pasador-amigo que será del mismo equipo que batea y se asigna un pitcher que será del equipo que recepciona, éste será el encargado de estar cerca del cono "pichi".

Se hace un acta donde se intercalan, niños, niñas y chicos con cualquier problema, se apuntarán aires, carreras y eliminaciones por ronda de bateo ("inning").

Hay solo tres intentos para batear, como el pasador es amigo si no se mueve le cuenta uno ("strike"), si no le da cuenta como un intento ("strike"), si roza cuenta medio intento ("media") y si golpea y va fuera del campo de juego por las bandas o hacia atrás también es medio intento ("media"). A los tres intentos fallidos se cuenta ese jugador eliminado.

Si no llega a las bases a tiempo de que la pelota llegue al cono "pichi": eliminado

Si hay dos personas en la base, se elimina el último en llegar.

Si se coge la pelota en "aire": eliminado.

A los tres "eliminados" se rota el equipo bateador por el receptor. Puede darse el caso de que haya sido eliminado el mismo jugador 3 veces en la misma rotación, pues nadie queda "eliminado", solo es una forma de contar, le imposibilita sumar carreras en ese golpeo, pero no en el siguiente. El orden de bateo se respeta siempre.

A veces está difícil decidir si se ha llegado a tiempo a la base, para eso se consulta a los que no están participando del juego, y en caso de duda, se beneficia a los que han corrido.

10. BIBLIOGRAFÍA

BLÁNDEZ, J. (1995). *Utilización del material y del espacio en educación física.* Inde. Barcelona.

(2000). *Programación de unidades didácticas según ambientes de aprendizaje.* Inde. Barcelona.

CASANOVA, M. A. (1990). *Educación especial: hacia la integración.* Escuela española. Madrid.

Consejería de Educación y Ciencia. (1994). *La atención educativa a la diversidad de los alumnos en el nuevo modelo educativo. Documento a Debate.* Edita La Junta de Andalucía. Dirección Gral de Ordenación Educativa y Formación Profesional. Sevilla.

DePAUW, K.P. & GAVRON, S.J. (2005) *Disability sports* (2ª edición). Champaign II. Human kinetics.

ESCRIBÁ, A. (2002). *Síndrome de Down. Propuestas de intervención.* Madrid. Gymnos.

GARNER, H. (2005). *Inteligencias multiples: la teoría en la práctica.* Paidos ibérica. Barcelona.

GAREL, J. P. (2007). *Educación Física y discapacidades motrices.* Inde. Barcelona.

GINE, C. (COORD.)(1997). *Trastorns del desenvolupament i necessitats educatives especials.* UOC. Barcelona.

GROSSER, M., ZIMMERMAN, E. & STARISCHA, S. (1989): *Principios del entrenamiento deportivo.* Martínez Roca. Barcelona.

HERNÁNDEZ MORENO J. (1994). *Análisis de las estructuras del juego deportivo.* INDE. Barcelona.

HÖLTER, G. (2001). *Adapted physical activity and Attention-Deficit/Hyperactivity Disorder.* Apuntes del Master europeo en Actividad física adaptada. Leuven. Bélgica (documento inédito).

LEONHARDT, M. CODINA, M. & VALLS, C. (1997). *La discapacitat visual.* En Giné, C. (coord..). *Trastorns del desenvolupament i necessitats educatives especials.* UOC. Barcelona.

LOOS, S. & HOINKIS, U. (2007). *Las personas discapacitadas también juegan.* Ediciones de Narcea. Barcelona.

LÓPEZ FRANCO (2004). *Actividades físico deportivas con colectivos especiales: propuestas prácticas.* Wanceulen. Sevilla.

(2008). *Turismo activo para tod@s. Propuestas práctica desde el ámbito de la discapacidad.* Wanceulen. Sevilla.

PERSONNE, J (2005). *El deporte para el niño. Sin records ni medallas.* Inde. Barcelona.

REINA, R, SANZ,D. & MENDOZA, N. (2003). *Fundamentos del deporte adaptado y la discapacidad.* En: D. Sanz (Ed.): *El tenis en silla de ruedas. De la iniciación a la competición (págs. 19-47).* Barcelona. Paidotribo.

REINA, R. & SANZ, D. (2012). *Actividades físicas y deportes adaptados para personas con discapacidad.* Paidotribo. Barcelona.

RÍOS, M.; BLANCO, A. BONANY, T. Y CAROL, N. (2007). *Actividad física adaptada: el juego y los alumnos con discapacidad.* Paidotribo. Barcelona.

RÍOS, M. (2003). *Manual de educación Física adaptada al alumno con discapacidad.* Paidotribo. Barcelona.

ROVIRA-BELETA, E. (2006). *L'accesibilitat a l'edificació i l'urbanisme. Recomanaciones tècniques per a proyectes i obres.* Rovira-Beleta. Barcelona. (2006). *Libro blanco de la accesibilidad.* Rovira-Beleta. Barcelona.

ORSATTI, L.F. (2004). *Deporte para discapacitados mentales.* Stadium. Buenos aires.

TORO, S. y ZARCO, J. A. (1995). *Educación Física para niños y niñas con n.e.e.* Ed Aljibe. Málaga.

TORRALBA. M.S. (2004). *Atletismo adaptado para personas ciegas y deficientes visuales.* Paidotribo.

WING, L. (1998). *El autismo en niños y adultos. Una guía para la familia.* Paidos. Barcelona.

ZAMBRANA, J.M. (1986). *La Educación Física y los disminuidos psíquicos.* Colección Deporte y sociedad. Alhambra. Madrid.

Información en internet

Accesibilidad. http://www.accesibilidadglobal.blogspot.com.es
ARREGUI, M. (2011). Técnicas de guía vidente para personas sordociegas. Capítulo 10.
http://www.once.es/otros/sordoceguera/HTML/capitulo10.htm
CARRASCO, E. (2011). Artes marciales ante el TDAH.
http://www.padresycolegios.com/noticia/2680/Familia-y-sociedad/Artes-marciales-ante-el-TDHA.html

CARRERAS (2011). Tecnología y aprendizaje motor. Uso de una cámara de vídeo y un ordenador (o un DVD grabador con disco duro y un monitor de televisión) para reproducir de forma diferida e inmediata una acción motriz y conseguir un feedback de calidad.
http://www.efdeportes.com/efd156/tecnologia-y-aprendizaje-motor.htm

Consejería de Educación, Ciencia y Tecnología. (2010). Dirección General de Formación Profesional y Promoción Educativa. Guías informativas. Junta de Extremadura. http://www.juntaex.es/consejerias/educacion/dg-calidad-equidad-educativa/guias-ides-idweb.html

Consejería de Educación (2010). Manuales de Atención al Alumnado con Necesidades Específicas de Apoyo Educativo. Junta de Andalucía. http://www.juntadeandalucia.es/educacion/nav/contenido.jsp?pag=/Contenidos/PSE/orientacionyatenciondiversidad/educacionespecial/Manualdeatencionalalumnado NEAE&vismenu=0,0,1,1,1,1,0,0,0

Consejería de Educación (2012). Trastornos mentales, clasificación. Junta de Andalucía.
http://www.juntadeandalucia.es/averroes/~29701428/salud/mental2.htm

Once (2011).Relación y comunicación con las personas ciegas.
http://www.once.es/new/servicios-especializados-en-discapacidad-visual/discapacidad-visual-aspectos-generales/documentos/relacion-y-comunicacion

www.ingramcontent.com/pod-product-compliance
Lightning Source LLC
Chambersburg PA
CBHW050829160426
43192CB00010B/1950